Der Jahrzehnte-Test
Die 50er-Jahre

W0055867

Der Jahrzehnte-Test

Die 50er Jahre

Hätten Sie's gewusst?

MOEWIG

Konzept und Realisation: Print & Screen Productions, Köln
Texte: Alexander Kerkhoffs, Sonja Kerkhoffs
Layout, Satz und Bildredaktion: Sonja Kerkhoffs

Originalausgabe
Alle Rechte vorbehalten
Umschlagabbildung: picture-alliance / KPA / TopFoto
Umschlaggestaltung: Alexander Mertsch

Printed in Germany
ISBN 978-3-86803-107-2

Inhalt

Einleitung: Die 50er-Jahre

Die 50er-Jahre waren ein ereignisreiches Jahrzehnt, in dem hier die Bundesrepublik, dort die DDR ihre Jugendjahre erlebte. Trotz der Erfahrung mit der totalitären NS-Ideologie blieben manche immer noch verführbar, nun für eine andere Idee. Während die Täter, die Mitläufer nicht an ihre Schuld, ihre Verantwortung erinnert werden wollten, während sie wiederaufbauten und nach vorn sahen, verging den Opfern der Nazis die Zeit hingegen nicht. Mit Petticoat und Pomade im Haar tanzten die jungen Leute Rock'n'Roll, während das Wirtschaftswunder viele beschwingte und mit dem Wunder von Bern ein ganzes geteiltes Land einen kollektiven Glückstaumel erlebte. Dies sind nur einige von zahlreichen Themen, denen wir hier in Fragen nachspüren und die sich wie bei einem Riesenpuzzle zu einem großen Panorama vereinen.

Testen Sie Ihr Wissen über die 50er-Jahre in den Bereichen Politik und Gesellschaft, Unterhaltung, Kunst und Kultur, Sport sowie in der Zeitzeichen genannten Rubrik, in der Fragen zu den Themen Mode, Design, Technik und Konsum zusammengefasst sind. Frischen Sie dabei Erinnerungen auf oder lernen Sie auf unterhaltsame Weise viel Wesentliches, aber auch manch Kurioses oder einfach nur Zeittypisches kennen.

Mit dem Jahrzehntetest kann man auf vielerlei Arten Spaß haben. Am unterhaltsamsten ist es, wenn Sie ihn mit Freunden spielen, indem Sie sich die Fragen reihum vorlesen. Ob Sie dabei der Reihenfolge nach, thematisch oder unsystematisch vorgehen, ist Ihnen freigestellt. Natürlich können Sie das Buch auch alleine lesen, von vorne nach hinten oder kreuz und quer.

Das Besondere an diesem Quizbuch sind die ausführlichen Antworten, die teils weiterführende Erläuterungen bieten oder auch auf mehrere oder alle Antwortalternativen eingehen. Wer mag, kann aus diesen Alternativen selber weitere Zusatzfragen entwickeln. Außerdem können auch die informationsreichen Antworten genutzt werden, um auf der Grundlage der darin enthaltenen Fakten weitere Fragen zu stellen – dazu muss derjenige, der sie formuliert, die Antwort erst still für sich lesen und darf seinen Mitspielern nur das für die Beantwortung Wesentliche mitteilen. Und auch die Abbildungen sind Teil des Jahrzehntetests. Manches Motiv werden Sie auf Anhieb erkennen, bei anderen werden Sie rätseln, was oder wer auf dem Bild zu sehen ist. Die Antworten finden Sie im Bildnachweis am Ende des Buches.

Und nun viel Spaß beim Spielen, Lernen und Erinnern.

Politik & Gesellschaft

Politik in den 50ern

… das waren zwei junge deutsche Staaten, die sich von einander weg orientierten, die sich einbanden in die Machtblöcke des Kalten Krieges, um nicht zwischen ihnen zerrieben zu werden. An der innerdeutschen Grenze und besonders in Berlin konnte man dem Kalten Krieg die Temperatur nehmen: Er wurde immer heißer. Die Kriegstreiber des letzten Weltkrieges wurden wiederbewaffnet, während in Korea und andernorts Krieg begann und die Sowjets in der DDR und anderswo im Ostblock für ihre Art Ordnung sorgten. Man hatte Ideale, doch so viel realen Schmerz, soviel Trümmer um sich, dass man nicht abhob, sondern auf dem Boden blieb, und hier wie dort Lehren zog aus dem Dritten Reich. In Algerien wie überhaupt in Afrika gärte es, es ging um Unabhängigkeit, es ging um Freiheit statt Diktatur wie in Südamerika, auf Kuba. Während Stalins Tod Hoffnung gab auf Selbstkritik der Kommunisten in der UdSSR, die von Mao in China freilich nicht zu erwarten war, gründeten die Erzfeinde Frankreich und Deutschland eine institutionalisierte europäische Friedensinitiative, die als EU bis heute Bestand hat.

1 **Wer war der erste Außenminister der BRD?**

Konrad Adenauer

Walter Hallstein

Heinrich von Brentano

Theodor Heuss

2 **Wie hieß der US-Senator, dessen Name zum Synonym der antikommunistischen Kampagne in den 50er-Jahren in den USA wurde?**

Richard Nixon

Joseph McCarthy

John Edgar Hoover

Kenneth Starr

3 **An welchem Tag des Jahres 1953 kam es zum Arbeiteraufstand in der DDR?**

8. Mai

17. Juni

20. Juli

9. November

4 **Welches war die erste überstaatliche Organisation, aus der die heutige Europäische Union mit ihren Vorgängerinnen hervorgegangen ist?**

Europäische Gemeinschaft für Kohle und Stahl (EGKS)

Europäische Atomgemeinschaft (EURATOM)

Europäische Wirtschaftsgemeinschaft (EWG)

Europäische Gemeinschaft (EG)

1 Die BRD war anfangs noch nicht souverän, und die auswärtigen Angelegenheiten fielen zunächst in die Zuständigkeit der drei westlichen Siegermächte. Erst mit der Wiedererrichtung des Auswärtigen Amts als Bundesministerium am 15. März 1951 erlangte die Bundesrepublik auch ein großes Maß an außenpolitischer Handlungsfreiheit. Erster Außenminister wurde der seit 1949 amtierende Bundeskanzler Konrad Adenauer, Staatssekretär des Auswärtigen Amts wurde Walter Hallstein. Nach Adenauer wurde 1955 Heinrich von Brentano Außenminister.

2 Der republikanische Senator Joseph McCarthy forcierte zwischen 1950 und 1954 die Jagd auf Kommunisten oder kommunistische Sympathisanten unter Intellektuellen, Künstlern, Regierungsangestellten und Militärs. McCarthy, der von 1953 bis 1954 auch das Untersuchungskomitee leitete, entfaltete eine regelrechte Hetzjagd auf alle, die er für verdächtig hielt. Wer sich vor dem Komitee auf sein Aussageverweigerungsrecht berief, wurde von ihm öffentlich als Kommunist diffamiert. Hoover gründete das FBI, Nixon gehörte dem Ausschuss für unamerikanische Aktivitäten an, und Starr war der sehr eifrige Unabhängige Ermittler in der Lewinsky-Affäre.

3 Einen Tag nachdem die Bauarbeiter am 16. Juni 1953 mit einem Streik und einer Demonstration auf der Ostberliner Stalinallee ihre ablehnende Haltung gegnüber der Erhöhung der Arbeitsnormen bekundet hatten, kam es in der gesamten DDR an über 250 Orten zu Streiks und Protestkundgebungen. Neben sozialen und ökonomischen Verbesserungen wie geringeren Lebenshaltungskosten forderten die Menschen auch freie und geheime Wahlen sowie den Rücktritt der Regierung. Durch den Einsatz von Soldaten und russischen Panzern wurde der Arbeiteraufstand brutal niedergeschlagen. Von 1953 bis 1990 war der 17. Juni in der BRD als Tag der Deutschen Einheit ein nationaler Feiertag.

4 Der erste Schritt zur europäischen Integration erfolgte mit der am 23. Juli 1952 in Kraft getretenen Europäischen Gemeinschaft für Kohle und Stahl, oft auch Montanunion genannt. Die Mitgliedsstaaten Frankreich, Belgien, die Niederlande, Luxemburg, Italien und die Bundesrepublik schufen einen gemeinsamen Markt für Kohle und Stahl. Dieselben Staaten gründeten 1957 die Europäische Wirtschaftsgemeinschaft und die Europäische Atomgemeinschaft. Unter der Europäischen Gemeinschaft wurden alle drei Organisationen 1967 zusammengefasst.

5   Über einen Zeitraum von wie vielen Jahren wurden in der DDR die Produktionsziele der Wirtschaft von der Planungsbehörde zentral festgelegt?

3

5

7

10

6   In welchem Ostblockstaat kam es 1956 zu einem Volksaufstand, der von sowjetischen Truppen niedergeschlagen wurde?

Polen

ČSSR

Ungarn

Rumänien

7   Welcher Staatsmann bot im Jahr 1952 Verhandlungen über die Wiedervereinigung Deutschlands an?

Winston Churchill

Josef Stalin

Charles de Gaulle

Harry S. Truman

8   In welchem Bundesland wurde Kurt Georg Kiesinger 1958 zum Ministerpräsidenten gewählt?

Rheinland-Pfalz

Bayern

Baden-Württemberg

Schleswig-Holstein

5 Am 1. November 1951 wurde mit dem ersten Fünfjahresplan der Übergang zur Planwirtschaft in der DDR besiegelt. Das von der Planungsbehörde aufgestellte Konzept enthielt Material- und Mittelzuweisungen an die verschiedenen Wirtschaftsbereiche und v. a. Vorgaben für die in dem Zeitraum zu erbringenden Produktionsleistungen. Festgelegt wurden in den Plänen auch ökonomische Variablen wie Preise, Löhne und Investitionen. Auf diese Weise sollte eine gerechte Verteilung der produzierten Güter erreicht werden, doch wirkte die Unterbindung von Wettbewerb fortschrittshemmend und führte zu einer starren, nicht bedarfsgerechten Produktion.

6 Vom 23. Oktober bis zum 4. November 1956 kam es – ausgehend von Studentenprotesten in der Hauptstadt Budapest – in ganz Ungarn zu einem Volksaufstand. Die Menschen, deren Unzufriedenheit mit den von der Kommunistischen Partei und der UdSSR zu verantwortenden Lebensverhältnissen stetig zunahm, forderten den Abzug der sowjetischen Truppen und mehr Demokratie. Als der neu ernannte Ministerpräsident Imre Nagy am 1. November die Neutralität Ungarns und seinen Austritt aus dem Warschauer Pakt verkündete, begannen Sowjettruppen, den Aufstand auch unter Einsatz von Panzern brutal niederzuschlagen.

7 Der Vorschlag aus dem Kreml vom 10. März 1952 wurde nach dem amtierenden sowjetischen Präsidenten Stalinnote genannt. Vor dem Hintergrund der bevorstehenden Wiederbewaffnung und der Integration der Bundesrepublik in das westliche Verteidigungsbündnis bot er den Westmächten Verhandlungen über einen Friedensvertrag mit Deutschland an und stellte die Wiedervereinigung eines entmilitarisierten Deutschlands in Aussicht. Das als nicht ernst gemeint betrachtete Angebot Stalins wurde seitens der Westmächte und Adenauers nicht näher erwogen.

8 Das Bundesland Baden-Württemberg war erst nach der Volksabstimmung vom 6. Dezember 1951 aus den Ländern Württemberg-Baden, Württemberg-Hohenzollern und Baden gebildet worden. Der am 6. April 1904 in Oberschwaben geborene Jurist Kurt Georg Kiesinger war seit 1933 NSDAP-Mitglied und seit 1942 stellvertretender Abteilungsleiter der rundfunkpolitischen Abteilung gewesen. Zunächst als Mitläufer eingestuft, wurde er später entlastet. Der CDU-Politiker und spätere Bundeskanzler war von 1958 bis 1966 Baden-württembergischer Ministerpräsident.

Politik & Gesellschaft

9 **Welcher Krieg begann am 25. Juni 1950?**
Algerienkrieg
Koreakrieg
Vietnamkrieg
Israelischer Unabhängigkeitskrieg

10 **Was wurde auch »Gelbes Elend« genannt?**
ein Gefängnis in Bautzen
Hühnersuppe der HO Geflügel
Aprikosenmarmelade aus Ersatzstoffen
die FDP

11 **In welchem Jahr wurde die BRD zu einem souveränen Staat?**
1949
1951
1955
1958

12 **Wer wurde nach Stalins Tod 1953 dessen Nachfolger als Erster Sekretär des Zentralkomitees der KPdSU und Vorsitzender des Ministerrates der UdSSR?**
Georgi Maximilianowitsch Malenkow
Nikita Chruschtschow
Wladimir Iljitsch Lenin
Leonid Breschnew

9 Das Kaiserreich Korea war 1910 von Japan annektiert worden. Nach Japans Kapitulation 1945 teilten die Siegermächte das am Zweiten Weltkrieg unbeteiligte Korea unter sich auf – Nordkorea fiel den Sowjets zu, Südkorea den USA. Aufgrund fehlender Bereitschaft seitens der Sowjets wurden im Mai 1948 nur im Süden Wahlen abgehalten, und am 15. August 1948 wurde dort die Republik Korea ausgerufen. Am 25. Juni 1950 überschritten nordkoreanische Truppen die Grenze zu Südkorea. Von den USA geführte UN-Truppen unterstützten die Angegriffenen, später griffen 400 000 chinesische Soldaten auf Seiten Nordkoreas ein. Der Krieg endete mit einem Waffenstillstandsabkommen am 27. Juli 1953.

10 Das Anfang des 20. Jahrhunderts in der sächsischen Stadt Bautzen errichtete Gefängnis Bautzen I wurde wegen seiner Gebäudemauern aus gelben Klinkern schon bald Gelbes Elend genannt. Es wurde von den Nationalsozialisten ebenso genutzt wie später von der sowjetischen Geheimpolizei, die es 1950 der Volkspolizei übergab, womit es dem Ministerium des Inneren der DDR unterstand. Das Gelbe Elend war ein gefürchtetes Zuchthaus für Regimekritiker – und Bautzen wurde zum Inbegriff der politischen Verfolgung in der DDR.

11 Die Besatzungszeit endete in den drei ehemaligen Westzonen der britischen, französischen und amerikanischen Alliierten um 12 Uhr mittags am 5. Mai 1955 mit der Hinterlegung der Ratifizierungsurkunden zum Deutschlandvertrag. Vereinbart wurde überdies die Stationierung ausländischer Streitkräfte in der BRD. Die Souveränität wurde nur noch eingeschränkt durch einen Vorbehalt der Alliierten für den Fall eines Notstands. Diese Beschränkungen wurden erst mit dem Abschluss der Zwei-plus-vier-Gespräche am 12. September 1990 aufgehoben.

12 Als der alle wichtigen Ämter innehabende diktatorische Staatsführer der UdSSR, Josef Stalin, am 5. März 1953 verstorben war, wurde Georgi Maximilianowitsch Malenkow als ranghöchstes Politbüromitglied dessen Amtsnachfolger als Erster Sekretär des Zentralkomitees der KPdSU und als Vorsitzender des Ministerrates. Doch bereits am 7. September 1953 wurde Nikita Chruschtschow zum Ersten Sekretär des ZK gewählt, während Malenkow weiter Ministerratsvorsitzender blieb. Man wollte zunächst eine kollektive Führung, doch 1958 wurde Chruschtschow auch zum Vorsitzenden des Ministerrates gewählt.

13 **Wohin reiste Konrad Adenauer 1955, um die letzten knapp 10 000 deutschen Kriegsgefangenen in ihre Heimat zurückzuholen?**

Moskau
London
Paris
Washington

14 **Wie heißt die algerische Unabhängigkeitsbewegung, die 1954 gegründet wurde?**

EOKA
FLN
ANC
AOK

15 **Als was wurde das bei Weimar gelegene ehemalige KZ Buchenwald unmittelbar nach dem Krieg genutzt?**

Gedenkstätte
Kaserne
Flugplatz
Internierungslager

16 **Wessen Unabhängigkeit wurde auf einer Konferenz im Februar 1959 in London entschieden?**

Hongkongs
Zyperns
Macaus
Indiens

13 Bundeskanzler Konrad Adenauer war vom 9. bis 13. September 1955 in Moskau, um mit der russischen Staatsführung zu verhandeln. Es ging vorrangig um die Wiedervereinigung, die Aufnahme diplomatischer Beziehungen und die Freilassung der letzten, zehn Jahre nach Kriegsende immer noch in der UdSSR gefangen gehaltenen Wehrmachtssoldaten. Nach harten Verhandlungen stimmte Adenauer entgegen seiner bisherigen Politik der Aufnahme diplomatischer Beziehungen mit der Sowjetunion zu. Am 6. Oktober kamen, wie von den Russen zugesagt, die letzten 9626 Kriegsgefangenen heim.

14 Der aus Algerien stammende ehemalige Mittelfeldspieler von Olympique Marseille Ahmed ben Bella gründete 1954 in Kairo die *Front de Libération Nationale* (FLN). Mit ihrer Hilfe wollte er die staatliche Unabhängigkeit Algeriens gewaltsam erzwingen, die das französische Mutterland seinem Departement Algerien verwehrte. Am 1. November 1954 begann mit Anschlägen in 70 algerischen Städten der Algerienkrieg, der erst siebeneinhalb Jahre später mit der Unabhängigkeit des nordafrikanischen Staates endete. Die EOKA ist eine griechisch-zyprische Widerstandsorganisation, ANC steht für *African National Congress*.

15 Nach der Befreiung des KZs durch amerikanische Truppen und deren Abzug aus Thüringen wurde das Lager ab August 1945 von den sowjetischen Besatzungstruppen als Internierungslager genutzt, als sogenanntes Speziallager 2. Inhaftiert wurden bis zur Auflösung des Lagers im Januar 1950 etwa 28 500 Sozialdemokraten, Bauern und Großgrundbesitzer sowie andere Gegner des sich formierenden kommunistischen Regimes. Einige der Gefangenen waren ehemalige Insassen des Nazi-KZs. 7113 starben allein in Buchenwald an Hunger, Ruhr und Tuberkulose. Das neue, sowjetische Terrorregime hatte für etwa 250 000 Gefangene insgesamt elf Internierungslager eingerichtet, darunter neben Buchenwald auch das KZ Sachsenhausen.

16 Am 19. Februar 1959 beschlossen Großbritannien, Griechenland und die Türkei, dass Zypern binnen Jahresfrist als Republik Zypern seine Unabhängigkeit erlangen solle. Zypern war 1878 vom Osmanischen Reich den Briten abgetreten worden und seit 1925 eine britische Kronkolonie. Seit Jahren kämpften bereits griechisch- und türkischsprachige Gruppen miteinander um die Zukunft des Landes. Unabhängig wurde Zypern schließlich am 16. August 1960.

Politik & Gesellschaft

17 **Wie hieß der kubanische Diktator, der am 1. Januar 1959 von der Karibikinsel Kuba floh?**

Augusto Pinochet

Manuel Noriega

Fulgencio Batista

Juan Domingo Perón

18 **Welche politische regionale Einheit trat der BRD am 1. Januar 1957 bei?**

Bayern

Saarland

Elsass

Berlin

19 **Wer war der erste Präsident der DDR?**

Otto Grotewohl

Walter Ulbricht

Wilhelm Pieck

Ernst Thälmann

20 **Welchen Namen nahm Angelo Giuseppe Roncalli als neu gewählter Papst an?**

Pius XII.

Johannes XXIII.

Paul VI.

Benedikt XV.

17 Nachdem der kubanische Rebellenführer Fidel Castro 1953 bereits einen vergeblichen Putschversuch gegen den seit 1940 Kuba tyrannisch regierenden Fulgencio Batista unternommen hatte, konnte er am 1. Januar 1959 endlich die Macht übernehmen. Nach einem Generalstreik am vorangegangen Silvestertag und bedeutenden militärischen Erfolgen der Guerillakämpfer floh Batista in die Dominikanische Republik. Pinochet war ein chilenischer Diktator (1973–1990), Perón ein argentinischer (1946–1955), Noriega ein panamaischer (1983–1989).

18 Das Saarland war 1920 infolge des Versailler Vertrags in annähernd seinen späteren Grenzen gebildet worden. Es unterstand 15 Jahre dem Völkerbund, bis es nach einer Volksabstimmung wieder dem Deutschen Reich eingegliedert wurde. Nach dem Krieg stand es unter französischer Verwaltung, erhielt aber begrenzte Autonomie. In einer Volksabstimmung im Oktober 1955 lehnten zwei Drittel der Saarländer das zwischen Frankreich und Deutschland vereinbarte Saarstatut und damit die Europäisierung des Saarlandes ab. Mit Beginn des Jahres 1957 wurde das Saarland als zehntes Bundesland in die BRD eingegliedert.

19 Der erste und zugleich einzige Präsident der DDR war von 1949 bis zu seinem Tod 1960 Wilhelm Pieck. Der am 3. Januar 1876 in Guben geborene Politiker hatte 1917 den Spartakusbund und 1918/19 die KPD mitbegründet. Zurückgekehrt aus dem sowjetischen Exil hatte er an der Zwangsvereinigung der SPD mit der KPD zur SED mitgewirkt, deren Vorsitzender er gemeinsam mit Otto Grotewohl in den Jahren 1946 bis 1954 war. Pieck war als Präsident der DDR deren Staatsoberhaupt. Diese Funktion hatte ab 1960 der neu eingeführte Staatsratsvorsitzende inne.

20 Am 9. Oktober 1958 verstarb Eugenio Maria Pacelli, der als Papst Pius XII. seit 1939 der katholischen Kirche vorstand. Ihm wurde vorgeworfen, sich trotz umfassender Kenntnis des Holocausts gegenüber dem NS-Regime nicht genügend für die Juden eingesetzt zu haben. Als sein Nachfolger wurde am 28. Oktober 1958 Angelo Giuseppe Roncalli gewählt, der sich den Namen Johannes XXIII. gab. Der 77-jährige Italiener erfreute sich aufgrund seines heiteren, offenen Wesens schnell großer Beliebtheit. Er starb 1963, ihm folgte bis 1978 Paul VI. Das Pontifikat von Benedikt XV. dauerte von 1914 bis 1922.

Politik & Gesellschaft

21 Welche Farbe hatte das uniformartige Hemd der FDJ-Mitglieder?

Rot

Gelb

Braun

Blau

22 Wie viele Deutsche lebten 1950 in der Bundesrepublik Deutschland?

38 Millionen

47 Millionen

56 Millionen

65 Millionen

23 Was war der Große *Sprung nach vorn?*

eine Kampagne Mao Tse-tungs

eine Guerillataktik von Che Guevara

der Name des Weltraumprogramms der USA

Titel eines Pamphlets von Walter Ulbricht

24 Nach welcher Stadt wurde das richtungsweisende Parteiprogramm der SPD von 1959 benannt?

Berlin

Dulsburg

Bad Godesberg

Düsseldorf

21 Die Freie Deutsche Jugend (FDJ) war als kommunistische Jugendorganisation 1946 in der Sowjetischen Besatzungszone gegründet wurden. Sie war als einzige staatlich anerkannte Jugendorganisation der DDR eng verknüpft mit der SED und auch in der Volkskammer vertreten. Ab 14 Jahren konnte man Mitglied werden und durfte dann auch das FDJ-Blauhemd mit dem Sonnenemblem auf dem linken Ärmel tragen. Die der KPD nahestehende westdeutsche FDJ wurde in der BRD 1951 wegen Verfassungsfeindlichkeit verboten – die KPD selbst 1956.

22 Die erste Volkszählung nach dem Krieg im Jahr 1950 ergab, dass in der BRD knapp 47,3 Millionen Bürger lebten, in Westberlin waren es rund 2 150 000 – in der DDR etwa 17 Millionen. Aufgrund der mehr als 10 Millionen nach Westen geflohenen deutschen Flüchtlinge lebten über 9 Millionen mehr Menschen auf dem Territorium der BRD als 1939. In der DDR sind letztlich nur 1,4 Millionen Flüchtlinge verblieben. Die Volkszählung erfasste auch, dass noch fünf Jahre nach dem Ende des Krieges 2,17 Millionen Menschen in Notwohnungen oder provisorischen Behausungen lebten.

23 Der *Große Sprung nach vorn* wurde die von Mao Tse-tung 1958 verordnete Industrialisierungskampagne genannt, durch die die chinesische Industrie und Landwirtschaft sprunghaft ein westliches Wohlstandsniveau erreichen sollte. Das Ergebnis der rigiden, vielfach unkoordinierten und von nicht hinreichendem Sachverstand getragenen Maßnahmen war die größte von Menschen verursachte Hungersnot, die zwischen 20 und 40 Millionen Chinesen das Leben kostete. Ausgelöst wurde diese von der politischen Führung zu verantwortende Katastrophe durch die einseitige Förderung der Stahlproduktion, den Abzug vieler Bauern aus der Landwirtschaft sowie der vollkommenen Vernachlässigung der Nahrungsproduktion.

24 Am 15. November 1959 tagte in Bad Godesberg bei Bonn ein außerordentlicher Parteitag der SPD, der mit großer Mehrheit ein neues Parteiprogramm verabschiedete, das fortan Godesberger Programm genannt wurde. Die SPD vollzog hierin offiziell den Wandel von der sozialistischen Arbeiterpartei hin zur modernen Volkspartei. Sie gab marxistische Positionen auf und bekannte sich nachdrücklich zur Sozialen Marktwirtschaft und zu einem demokratischen Sozialismus. Am 20. Dezember 1989 wurde das Godesberger durch das Berliner Programm abgelöst.

Politik & Gesellschaft

25 **In welcher europäischen Hauptstadt wurden die Verträge zur Gründung der Europäischen Wirtschaftsgemeinschaft unterzeichnet?**

Brüssel

Paris

Rom

Luxemburg

26 **Wo hat der Bundesnachrichtendienst seinen Sitz?**

Friedland

Zirndorf

Fürth

Pullach

27 **Welches Amt bekleidete Che Guevara in der neuen kubanischen Revolutionsregierung ab 1959?**

Präsident der Nationalbank

Industrieminister

Chef des Geheimdienstes

Vorsitzender der zentralen Gesundheitsbehörde

28 **Wer war Rosemarie Nitribitt?**

ein Fotomodell

eine Prostituierte

eine Schauspielerin

eine Politikerin

25 Nach dem Ort ihrer Unterzeichnung werden die am 25. März 1957 ratifizierten Verträge Römische Verträge genannt. Das von Frankreich, Belgien, den Niederlanden, Luxemburg, Italien und der Bundesrepublik Deutschland unterzeichnete Abkommen zur Schaffung der Europäischen Wirtschaftsgemeinschaft (EWG) trat am 1. Januar 1958 in Kraft. Das Ziel der neu gegründeten Gemeinschaft war die über den Bereich von Kohle und Stahl hinausgehende wirtschaftliche Integration. Zum Sitz der EWG wurden Brüssel und Luxemburg bestimmt.

26 Der am 1. April 1956 gegründete Bundesnachrichtendienst (BND) hat seinen Hauptsitz in Pullach bei München. Schon seit dem Nikolaustag 1947 residierte dort in der ehemaligen Rudolf-Heß-Siedlung die Vorgängerinstitution, die Organisation Gehlen. Benannt war sie nach ihrem Gründer Reinhard Gehlen, einem ehemaligen Generalmajor der Wehrmacht, der die Auslandsaufklärung Abteilung Fremde Heere Ost (FHO) geleitet hatte, aus der wiederum die Organisation Gehlen hervorgegangen war. Entsprechend hoch war anfangs der Anteil an ehemaligen SS-, SD- und Gestapo-Offizieren beim BND.

27 Der 1928 in Argentinien geborene Ernesto Guevara Serna, der Che Guevara genannt wurde, hatte 1953 ein Medizinstudium abgeschlossen, doch Fidel Castro machte ihn zum *comandante* und betraute ihn mit der Führung einer Rebelleneinheit. Che Guevara betrieb den Guerillakampf nicht nur praktisch, sondern schrieb auch Aufsätze zur Guerillataktik. Nach der erfolgreichen kubanischen Revolution gehörte er der Regierung an, von 1959 bis 1961 als Präsident der kubanischen Nationalbank, von 1961 bis 1965 als Industrieminister.

28 Rosemarie Nitribitt erlangte Ende 1957 traurige Berühmtheit, als sie mit einer Platzwunde am Kopf und Würgemalen am Hals tot in ihrer Frankfurter Wohnung aufgefunden wurde und im Zuge der nachfolgenden Ermittlungen eine Reihe bedeutender Persönlichkeiten des öffentlichen Lebens unter Mordverdacht gerieten, darunter u. a. Gunther Sachs und Mitglieder der Familie Krupp. Angeklagt des Mordes an der aus Ratingen stammenden Edelhure, deren Fall sich zum ersten großen Sex-Skandal der Nachkriegsjahre ausweitete, wurde schließlich der Handelsvertreter Heinz Pohlmann. Er wurde allerdings im Juli 1960 aus Mangel an Beweisen freigesprochen.

Politik & Gesellschaft

29 **Welcher Spitzname wurde Walter Ulbricht verliehen?**

»Dicker Pitter«

»Spitzbart«

»Sach-Walter«

»Erster Sachse im Staat«

30 **In welcher Stadt residierte der Dalai-Lama, bevor er 1959 ins Exil ging?**

Dharamsala

Lhasa

Kathmandu

Srinagar

31 **Welcher Partei gehörte der Politiker Carlo Schmid an?**

CDU

CSU

SPD

FDP

32 **Die wievielte französische Republik wurde mit der Verfassungsänderung von 1958 konstituiert?**

die Zweite

die Dritte

die Vierte

die Fünfte

29 Der am 30. Juni 1893 in Leipzig geborene Walter Ulbricht war zunächst Mitglied der SPD, 1919 trat er der neu gegründeten KPD bei. Er war Mitglied des Reichstags, emigrierte 1933 nach Frankreich und schließlich in die UdSSR. Als Chef der nach ihm benannten Gruppe Ulbricht kam er 1945 nach Berlin, um dort die KPD wiederaufzubauen und diese schließlich mit der SPD zur SED zu vereinigen. Ab 1950 stand Ulbricht an der Spitze der SED, zudem war er stellvertretender Ministerpräsident und prägte als politisch bestimmender Akteur die wichtigsten Entscheidungen. Ulbricht sächselte stark und wurde wegen seines markanten Bartes »Spitzbart« genannt.

30 Der 1935 geborene Tenzin Gyatso wurde im Alter von fünf Jahren als 14. Dalai-Lama inthronisiert. Chinesische Truppen hatten Tibet 1951 besetzt und als autonome Region dem Staatsgebiet Chinas eingegliedert. Unmittelbar nach dem Einmarsch der Chinesen war dem Dalai-Lama als religiösem Führer der Tibeter mit 15 Jahren auch die Staatsführung übertragen worden. Der Dalai-Lama residierte im Potala-Palast in der tibetanischen Hauptstadt Lhasa, bis er nach einem gescheiterten Aufstand gegen die Okkupatoren ins Exil nach Dharamsala in Indien ging. Kathmandu liegt in Nepal, Srinagar im indisch verwalteten Teil Kaschmirs.

31 Der am 3. Dezember 1896 im südfranzösischen Perpignan geborene Jurist Carlo Schmid wurde nach dem Krieg SPD-Mitglied und war von 1947 bis 1973 im Parteivorstand. Schmid war einer der Väter des Grundgesetzes und von 1949 bis 1966 sowie von 1969 bis 1972 Vizepräsident des Bundestags. Während der großen Koalition war er Bundesratsminister. In Tübingen war er Professor für Völkerrecht und in Frankfurt Professor für Politische Wissenschaften. Nebenbei übersetzte er Werke von Baudelaire, Rostand, Malraux und Machiavelli ins Deutsche.

32 Mit der Verfassungsänderung, die dem Staatspräsidenten umfangreichere Befugnisse als zuvor einräumte und für die 76,1 Prozent aller Franzosen am 28. September 1958 stimmten, begann die Fünfte Französische Republik, die heute noch Bestand hat. Die Franzosen gliedern ihre Nationalgeschichte in die unterschiedlichen Regierungssysteme bzw. bei den demokratischen Republiken nach den geltenden Verfassungen. Die Erste Republik dauerte von 1792 bis 1804, als Napoleon sich zum Kaiser krönte. Die Zweite Republik währte von 1848 bis 1852, die Dritte von 1871 bis 1940. Die Vierte Republik hatte von 1946 bis 1958 Bestand.

Politik & Gesellschaft

33 Welcher Staat gehörte nicht zum Warschauer Pakt?

Albanien

Rumänien

Jugoslawien

Ungarn

34 Welches bundesdeutsche Gesetz trat 1958 in Kraft?

Betriebsverfassungsgesetz

Jugendschutzgesetz

Gleichberechtigungsgesetz

Bundesvertriebenengesetz

35 Wer war ab 1952 der Spionagechef der DDR?

Erich Mielke

Ernst Wollweber

Heinrich Dienstbier

Markus Wolf

36 Welcher der vier Staaten trat als letzter der NATO bei?

BRD

Portugal

Griechenland

Türkei

33 Mit dem Vertrag über Freundschaft, Zusammenarbeit und gegenseitigen Beistand gründeten am 14. Mai 1955 in der polnischen Hauptstadt Warschau osteuropäische kommunistische Staaten ein Militärbündnis, den sogenannten Warschauer Pakt. Ihm gehörten Albanien, Bulgarien, die DDR, Polen, Rumänien, die Tschechoslowakei, die UdSSR und Ungarn an. 1968 trat Albanien aus dem Bündnis aus, das nach dem Kollaps der Ostblockstaaten am 1. Juli 1991 aufgelöst wurde. Das sozialistische, aber blockfreie Jugoslawien, das sich Moskaus Einfluss widersetzte, trat dem Bündnis nicht bei.

34 Das Jugendschutzgesetz trat bereits 1951 in Kraft, das Betriebsverfassungsgesetz 1952 und das Bundesvertriebenengesetz 1953. Ab dem 1. Juli 1958 galt das Gleichberechtigungsgesetz, durch das die Stellung der Frau in der Ehe enorm aufgewertet und ihre Entscheidungsbefugnisse in elterlichen Erziehungsfragen stark erweitert wurden. Der Ehemann besaß bis dahin ein Alleinbestimmungsrecht, und seine Gattin musste ihm ihr Hab und Gut, das sie mit in die Ehe brachte, überlassen. Von nun an durften die Ehefrauen selbst über ihr Eigentum verfügen.

35 Der 1923 geborene Markus Wolf stand 34 Jahre lang an der Spitze der Hauptverwaltung Aufklärung (HVA), dem Auslandsnachrichtendienst der DDR, der in das Ministerium für Staatssicherheit (MfS) integriert war. Wolf war bereits am Aufbau des Außenpolitischen Nachrichtendienstes der DDR (APN) beteiligt, dessen Leitung er 1952 übernahm. Nach Eingliederung des APN in das MfS wurde der Auslandsgeheimdienst 1956 umbenannt in Hauptverwaltung Aufklärung. Als deren Chef war Wolf erster Stellvertreter der Stasi-Minister Wollweber und Mielke.

36 Gegründet wurde die NATO *(North Atlantic Treaty Organization)* am 4. April 1949 in Washington von Großbritannien, Frankreich, Belgien, den Niederlanden, Luxemburg, Dänemark, Island, Italien, Norwegen, Portugal, den USA und Kanada. Anders als das damals faschistische Spanien, das erst 1982 beitrat, war Portugal unter der faschistischen Diktatur von António de Oliveira Salazar von Anfang an dabei. 1952 traten Griechenland und die Türkei der NATO bei, 1955 erst die Bundesrepublik, nachdem das Besatzungsstatut von den westlichen Alliierten für beendet erklärt worden war.

Politik & Gesellschaft

37 Welche 1950 gegründete bundesdeutsche Partei war bereits drei Jahre später an der zweiten Adenauer-Regierung beteiligt?

FDP

GB/BHE

DP

FVP

38 Wie viele Wirtschaftsunternehmen verlor die DDR Schätzungen zufolge durch Demontage an die UdSSR?

580

800

1225

3275

39 Was kostete 1853 Niederländer am 1. Februar 1953 das Leben?

ein Bombenanschlag

ein Erdbeben

ein Orkan

eine Sturmflut

40 Wer wurde 1957 Regierender Bürgermeister von Berlin?

Ernst Reuter

Otto Suhr

Willy Brandt

Heinrich Albertz

37 Die FDP wurde im Dezember 1948 gegründet und stellte ebenso wie die drei anderen genannten Parteien Minister in der zweiten Regierung von Konrad Adenauer. Der GB/BHE – Gesamtdeutscher Block/Bund der Heimatvertriebenen und Entrechteten – wurde 1950 gegründet. Er vereinte sich 1961 mit der 1945/46 wieder gegründeten rechtskonservativen Deutschen Partei (DP) zur Gesamtdeutschen Partei (GDP). Die nur ein Jahr existierende Freie Volkspartei (FVP) entstand 1956 aus einer Abspaltung von FDP-Mitgliedern von ihrer Partei, nachdem diese entschieden hatte, die Regierungskoalition zu verlassen.

38 Am 22. August 1953 verständigten sich die DDR und die UdSSR darauf, dass die Ostdeutschen zum Anfang des folgenden Jahres ihre Reparationszahlungen einstellen werden. Nach Schätzungen sollen in den Nachkriegsjahren 1225 Unternehmen in der DDR demontiert und in die UdSSR verbracht worden sein. Diese von der UdSSR betriebene Politik der Entschädigungsleistungen für die erlittenen Kriegsschäden hat die Wirtschaft der DDR enorm geschwächt. Anders als der BRD, die auf Mittel aus dem Marshall-Plan zurückgreifen konnte, standen ihr keine Wiederaufbauhilfen zur Verfügung.

39 In den Niederlanden wurden am 1. Februar 1953 durch die schwerste Sturmflut seit 1420 große Küstengebiete überschwemmt und verwüstet. 1853 Menschen und 200 000 Stück Vieh fielen der Katastrophe zum Opfer, weite Teile der Deichanlagen wurden zerstört. Drei Wochen später wurde die Deltakommission gegründet, die bald einen Plan vorlegte, um die Überflutungsgebiete trockenzulegen und dauerhaft zu schützen. Bis in die 90er-Jahre hinein entstanden einzelne Bauwerke der sogenannten Deltawerke, die v. a. in der Provinz Zeeland errichtet wurden und die Mündungen von Maas und Schelde durch Deiche und Schleusen sichern.

40 Vom 3. Oktober 1957 bis zum 1. Dezember 1966 war Willy Brandt Regierender Bürgermeister von Berlin. Der Bürgermeister von Berlin ist gleichzeitig auch der Regierungschef des Stadtstaates Berlin, also einem Ministerpräsidenten eines Bundeslandes vergleichbar – daher der besondere Titel, der auf diese Doppelfunktion verweist. Die drei anderen Genannten waren SPD-Parteigenossen von Brandt und ebenfalls Regierende Bürgermeister der geteilten Stadt: Ernst Reuter von 1948 bis 1953, Otto Suhr von 1955 bis 1957 und Heinrich Albertz von 1966 bis 1967.

41 **Wie heißt das in der DDR in Konkurrenz zu den christlichen Aufnahme- bzw. Bestätigungsfeiern Konfirmation und Firmung etablierte Fest?**

Kommunion

Jugendweihe

Jungvolkgelöbnis

Eid der Jugend

42 **Welche Staaten schlossen sich 1958 zur Vereinigten Arabischen Republik (VAR) zusammen?**

Irak und Iran

Jordanien und Syrien

Ägypten und Syrien

Libanon und Jordanien

43 **Welcher wegen »Sklavenarbeit« und »Plünderung von Wirtschaftsgütern im besetzten Ausland« verurteilte Industrielle wurde Anfang Februar 1951 vorzeitig aus der Haft entlassen?**

Fritz Thyssen

Alfried Krupp von Bohlen und Halbach

Friedrich Flick

Hermann Stinnes

44 **Wodurch geriet der Gouverneur des US-Bundesstaates Arkansas im Sommer 1957 in die Schlagzeilen?**

Er gab zu, Mitglied des Ku-Klux-Klan zu sein.

Er verwehrte schwarzen Schülern den Zutritt zur Schule.

Er verübte einen Amoklauf in einer Sportarena.

Er bekannte öffentlich, homosexuell zu sein.

41 Bereits seit der Mitte des 19. Jahrhunderts gibt es als nichtkirchliche Alternative zu den christlichen Initiationsfesten Konfirmation bzw. Firmung mit vorangegangener Kommunion Jugendweihe. Diese wurden zunächst von freireligiösen Gemeinden eingeführt und später auch von der Arbeiterbewegung übernommen. Seit 1955 wurde die Jugendweihe als offizielles Fest nach dem Ende des achten Schuljahres begangen. Die 14- bis 15-jährigen Schüler gaben während der Zeremonie ein Bekenntnis zum Staat und zum Sozialismus ab.

42 Der Präsident der 1952 gegründeten Republik Ägypten, Gamal Abdel Nasser, strebte einen Zusammenschluss aller arabischen Länder an und beschwor die Einigkeit der arabischen Kulturnation. Doch nur Syrien, das sich von seinen Nachbarn Türkei und Irak bedroht fühlte, verband sich mit Ägypten zur Vereinigten Arabischen Republik, deren Präsident Nasser wurde. Syrien war in der Konföderation stark unterrepräsentiert, und nach einem Putsch der Armee stieg es 1961 aus der Union aus. Ägypten führte den neuen Namen noch bis 1971.

43 Alfried Krupp, der bereits 1931 SS-Mitglied und später auch NSDAP-Mitglied gewesen war, führte seit 1943 die Krupp AG, eines der bedeutendsten Rüstungsunternehmen im Dritten Reich. Im sogenannten Krupp-Prozess wurde er am 31. Juli 1948 zu zwölf Jahren Haft verurteilt, doch bereits im Februar 1951 vorzeitig aus der Haft entlassen. Friedrich Flick war im Rahmen der Nürnberger Prozesse zu sieben Jahren Gefängnis verurteilt worden, aber bereits 1950 amnestiert worden. Am 8. Februar 1951 starb Fritz Thyssen, der die Nazis seit 1923 unterstützt hatte, doch nach einem Bruch mit der NS-Führung seit Ende 1940 in verschiedenen KZs gefangen gehalten worden war.

44 1954 hatte bereits der Oberste Gerichtshof der USA die faktische Rassentrennung in Bezug auf das Bildungswesen für unzulässig erklärt und damit die Separation in gute weiße und schlechte schwarze Schulen per Gesetz aufgehoben. Entsprechend mussten auch in den Südstaaten mit dem im Sommer 1957 beginnenden neuen Schuljahr alle Schulen schwarze Schüler aufnehmen. Der Gouverneur von Arkansas, Orval E. Fabus, ließ die High School in der Stadt Little Rock von Nationalgardisten abriegeln, um schwarzen Schülern den Zutritt zu verwehren. In der Folge kam es zu massiven Unruhen.

Politik & Gesellschaft

45 Wie hieß der erste bundesdeutsche Verteidigungsminister?

Kai-Uwe von Hassel

Theodor Blank

Franz-Josef Strauß

Hasso von Manteuffel

46 In welchem Land wurde 1953 ein Mann Präsident, der Tito genannt wurde?

Griechenland

Türkei

ČSSR

Jugoslawien

47 Wo residierte seit 1950 der Bundespräsident der BRD?

Palais Schaumburg

Schloss Bellevue

Villa Hammerschmidt

Schloss Schönhausen

48 In welchem südamerikanischen Staat regierte der deutschstämmige Diktator Alfredo Stroessner?

Paraguay

Nicaragua

Guatemala

Bolivien

45 Der CDU-Politiker Theodor Blank hatte seit 1950 als Beauftragter des Bundeskanzlers das sogenannte Amt Blank geleitet, das für verteidigungspolitische Fragen zuständig und mit den Vorbereitungen zur Gründung der Bundeswehr betraut worden war. Ihr Name geht auf einen Vorschlag des FDP-Politikers Hasso von Manteuffel zurück. Blank war vom 7. Juni 1955 bis zu seinem Rücktritt am 16. Oktober 1956 der erste Verteidigungsminister. Ihm folgte der CSU-Abgeordnete Franz-Josef Strauß, dessen Amtszeit bis 1962 dauerte und bis heute immer noch die längste eines Verteidigungsministers ist. Sein Nachfolger war Kai-Uwe von Hassel.

46 Der 1892 in Kroatien geborene Josip Brosz war Mitbegründer der Kommunistischen Partei in dem nach dem Ersten Weltkrieg gegründeten Königreich der Serben, Kroaten und Slowenen, das später in Königreich Jugoslawien umbenannt wurde. Brosz nahm im Untergrund den Namen »Tito« an. Als Partisanenführer kämpfte er gegen die deutschen Besatzer im Zweiten Weltkrieg. Seit 1945 war Tito Ministerpräsident der nun neuen Volksrepublik Jugoslawien. 1953 wurde er Präsident des gegenüber der UdSSR einen eigenständigen sozialistischen Kurs verfolgenden Staates.

47 Seit 1950 dient die Villa Hammerschmidt in Bonn dem Bundespräsidenten der Bundesrepublik Deutschland als Amts- und Wohnsitz. Richard von Weizsäcker verlegte den Amtssitz ins Berliner Schloss Bellevue, seither ist die Villa Hammerschmidt nur noch der zweite Amtssitz. Im wie ein Schloss anmutenden Palais Schaumburg in Bonn war von 1949 bis 1976 das Bundeskanzleramt untergebracht, und es diente bis dahin auch als erster Dienstsitz des Kanzlers. Das barocke Schloss Schönhausen im Berliner Verwaltungsbezirk Pankow war von 1949 bis 1960 Sitz des Präsidenten der DDR.

48 Alfredo Stroessner wurde am 3. November 1912 in der paraguayischen Stadt Encarnación geboren, 14 Jahre nachdem sein Vater von Hof an der Saale in das südamerikanische Land ausgewandert war. 1954 gelangte der im Jahr zuvor zum Oberbefehlshaber der Armee ernannte Stroessner an die Macht. Bis zu seiner Entmachtung am 3. Februar 1989 führte er ein totalitäres Regime, unter dem viele Oppositionelle ermordet wurden und etwa zwei Millionen Menschen ins Exil flüchteten. In seinem brasilianischen Exil starb er 2006.

Politik & Gesellschaft

49 **In welchem Jahr wurde die Bundeswehr gegründet?**

1950

1953

1955

1959

50 **Die Streitkräfte welcher Nation kämpften im Ersten Indochinakrieg gegen vietnamesische Truppen?**

China

USA

Frankreich

Japan

51 **Wo stand das Kriegsverbrechergefängnis, in dem die letzten Todesurteile auf dem Boden der Bundesrepublik am 7. Juni 1951 vollstreckt wurden?**

Celle

Landsberg am Lech

Berlin-Spandau

Hamburg-Fuhlsbüttel

52 **Wer war der zweite Bundespräsident der BRD?**

Heinrich Lübke

Friedrich Ebert

Theodor Heuss

Gustav Heinemann

49 Nach heftigen Diskussionen und Protesten gegen die Wiederbewaffnung war nach der Erlangung der Souveränität 1955 die Bildung bundesdeutscher Streitkräfte möglich. Im selben Jahr noch trat die BRD der NATO bei, und die Bundeswehr wurde gegründet. Am 12. November 1955 erhielten die ersten Freiwilligen ihre Ernennungsurkunden, die Einberufung der ersten Wehrpflichtigen erfolgte am 1. April 1957. Am 1. März 1956 wurde die Nationale Volksarmee (NVA) in der DDR ins Leben gerufen, die sich aus der seit 1952 bestehenden Kasernierten Volkspolizei und bereits heimlich aufgebauten militärischen Organisationen zusammensetzte.

50 Die französische Kolonie Französisch-Indochina war 1941 ohne Gegenwehr an die Japaner gefallen. Die Franzosen wollten nach dem Krieg den Koloniestatus wiederherstellen, doch strebte mittlerweile eine vietnamesische Rebellenorganisation unter der Führung von Ho Chi Minh die Unabhängigkeit des Landes an, die dieser bereits 1945 verkündet hatte. Der Krieg begann Ende 1946. Friedensverhandlungen im Frühjahr und Sommer 1954 führten schließlich zur Teilung des Landes, wobei der 17. Breitengrad die Grenze markierte. Ho Chi Minh war der Führer Nordvietnams.

51 In den Morgenstunden des 7. Juni 1951 wurden im Kriegsverbrechergefängnis Landsberg in Bayern durch Hinrichtung von sieben SS-Offizieren die letzten Todesurteile in der BRD vollstreckt. Insgesamt wurden in dem von US-Streitkräften eingerichteten *War Criminal Prison No. 1* 259 Todesurteile durch den Strang und 29 durch Erschießen vollstreckt. Mit der Gründung der BRD war die Todesstrafe in der Bundesrepublik abgeschafft, weshalb diese vollstreckten Todesurteile auch für einige Irritationen sorgten. Inhaftiert waren in Landsberg 1923/24 u. a. Adolf Hitler und Rudolf Heß sowie nach dem Krieg Alfried Krupp.

52 Der Liberale Theodor Heuss, der schon in der Weimarer Republik Reichstagsabgeordneter und später der erste Vorsitzende der 1948 gegründeten FDP gewesen war, bekleidete als Erster das Amt des Bundespräsidenten von 1949 bis 1959 – also für die maximal vorgesehenen zwei Amtsperioden. Der CDU-Landwirtschaftsminister (1953–1959) Heinrich Lübke war der zweite Bundespräsident (1959–1969), ihm folgte Gustav Heinemann (1969–1974). Der SPD-Vorsitzende Friedrich Ebert war der erste Reichspräsident der Weimarer Republik (1919–1925).

Unterhaltung

Unterhaltung in den 50ern

…das war die Zeit, als der Fernseher bei uns seinen Siegeszug gerade antrat, anfangs ist es hauptsächlich noch das Radio, durch das die Menschen an dem, was in der Welt vorgeht, teilhaben: »Aus! Aus! Aus! – Das Spiel ist aus! Deutschland ist Weltmeister!« Und dann gibt es neben der neuen amerikanischen Musik, welche die GIs mit nach Deutschland bringen, auch den facettenreichen deutschen Schlager, mit Witz, mit Sehnsucht nach dem kleinen und gro-ßen Glück, mit der Beschwörung der Heimat, mit Biedersinn und gleichzeitig mit dem Sehnen nach der Ferne – besonders nach Bella Italia, »wo bei Capri die rote Sonne im Meer versinkt.« Ein buntes Völkchen ist das, das den Soundtrack zum Wirtschaftswunder liefert, viele verschie-dene Akzente sind zu hören, auch sehr viele ausländische. Sie singen nicht nur, sie spielen auch häufig in den TV-Komödien mit. Man will unbeschwert sein, viele haben schlimme Zeiten hinter sich. Die Schallplatten sind empfindlich und drehen sich schnell, Musik selbst aufnehmen können die wenigsten, höchstens mit einem Tonband.

1 **Wann strahlten die Rundfunkanstalten der ARD ihr erstes gemeinsames Fernsehprogramm für ganz Deutschland aus?**
12. Juli 1950
25. Dezember 1952
1. November 1954
3. Januar 1956

2 **Welches Label gehörte nicht zur 1954 gegründeten VEB Deutsche Schallplatten?**
Amiga
Litera
Aurora
Artista

3 **Mit welcher Art Fälschungen ging Lothar Malskat in die Kriminalgeschichte der jungen Bundesrepublik ein?**
Entnazifizierungsbescheinigungen
Kirchenmalereien
Geldnoten
Lebensmittelmarken

4 **Wie hieß die Vorgängerproduktion der beliebten ARD-Krimiserie *Tatort*?**
Schleppnetz
Stahlnetz
Die Ermittler
Im Fadenkreuz

1 Am 12. Juli 1950 sendete der Nordwestdeutsche Rundfunk (NWDR) von Hamburg aus das erste Testbild nach dem Krieg. Offiziell auf Sendung ging das Deutsche Fernsehen am Abend des 25. Dezember 1952; das Programm wurde unter der Intendanz und Leitung des NWDR von Hamburg aus gesendet. Aber erst knapp zwei Jahre später, am 1. November 1954, organisierten alle damaligen Rundfunkanstalten der ARD das Programm für ganz Deutschland gemeinsam. Der 3. Januar 1956 schließlich markiert den offiziellen Programmstart des DDR-Fernsehens Deutscher Fernsehfunk (DFF).

2 Die 1954 aus dem Musikverlag Lied der Zeit hervorgegangene VEB Deutsche Schallplatten war bis 1989 der einzige Produzent legaler Schallplatten in der DDR. Danach übernahm die neu gegründete Deutsche Schallplatten GmbH die Rechtsnachfolge des VEB. Sie führte einige Labels weiter, verkaufte aber auch zahlreiche Rechte an andere Musikkonzerne. Neben Aurora, unter dem v. a. Arbeiterlieder vermarktet wurden, zählten auch Litera für Sprachaufnahmen und Amiga für moderne U-Musik zu den Labeln der VEB Deutsche Schallplatten. Artista ist ein New Yorker Label, das heute zur Sony-BMG-Gruppe gehört.

3 Beim Wiederaufbau der im Krieg zerstörten Lübecker Marienkirche sollten auch die 21 überlebensgroßen Figuren eines gotischen Heiligenfrieses restauriert werden, die durch die Schäden erst sichtbar geworden waren. Da die wenigen erhaltenen Reste aber keine orignalgetreue Rekonstruktion erlaubten, schmückte der Kunstmaler Lothar Malskat die Kirchendecke in Absprache mit dem Restaurator mit frei erfundenen Heiligenfiguren. Da Letzterer den Ruhm für die Kunstwerke schließlich ganz allein einheimste und Malskat nur mit Bier- und Schnapsmarken abspeiste, zeigte sich dieser selber an. Er wurde 1955 zu einer Gefängnisstrafe verurteilt.

4 Der Vorgänger des *Tatort* wurde vom NDR produziert und zwischen 1958 und 1968 in der ARD ausgestrahlt. Während dieser zehn Jahre entstanden 22 Folgen, die alle auf realen Fällen beruhten. Eine der bekanntesten Episoden war die Folge *Das Haus an der Stör* mit Rudolf Platte als Kriminalkommissar. Die Vorlage zu der beliebten Krimireihe lieferte die amerikanische TV-Serie *Dragnet* (dt. Schleppnetz), die hierzulande unter dem Titel *Polizeibericht* bekannt wurde. Ihre Kopie nannte der NDR anlehnend an den Titel der Originalserie *Stahlnetz*.

Unterhaltung

5 Welche in der DDR ausgebildete Film- und Bühnenschauspielerin kehrte 1959 nach einem Theaterengagement in Westdeutschland nicht mehr in den Osten zurück?

Ruth Maria Kubitschek

Eva-Maria Hagen

Hildegard Knef

Angelica Domröse

6 Wer war Meister Nadelöhr?

eine Comic-Figur

eine Marionette

ein Märchenerzähler

eine Stoffpuppe

7 Welchen berühmten Schriftsteller heiratete Marilyn Monroe 1956?

Ernest Hemingway

Henry Miller

Norman Mailer

Arthur Miller

8 Wo befand sich das erste deutsche TV-Studio nach dem Krieg?

in einem ehemaligen Gestapo-Gebäude

in einem Bunker

in einer unzerstörten Kirche

in einem provisorischen Wellblechschuppen inmitten eines Trümmerfelds

5 Zwar war der Film *Die Mörder sind unter uns,* der die Knef international berühmt machte, eine DEFA-Produktion, allerdings arbeitete die Schauspielerin danach vorrangig im Westen. Von den anderen drei Damen wanderte Ruth Maria Kubitschek 1959 als Erste in den Westen aus. Die 1931 in der Tschechoslowakei geborene Aktrice ließ sich im Zuge der Vertreibung der Deutschen aus den Ostgebieten in Köthen nieder. Nach einer Schauspielausbildung in Halle und Weimar, trat sie in mehreren Bühnen- und TV-Produktionen der DDR auf. Im Westen wurde sie v. a. durch den Durbridge-Krimi *Melissa* berühmt.

6 In der Rolle des Schneiders »Meister Nadelöhr« war ab November 1955 der ostdeutsche Schauspieler Eckard Friedrichson zu sehen. In der Sendung *Meister Nadelöhr erzählt,* die später den Titel *Zu Besuch im Märchenland* erhielt, trug er jungen DDR-Bürgern jeden Sonntagnachmittag Geschichten vor. Unterstützt wurde er dabei von Teddy Bummi, der Ente Schnatterinchen und dem Kobold Pittiplatsch. Nach dem krankheitsbedingten Ausscheiden von Friedrichson übernahm Klaus-Peter Pleßow in der Rolle des »Fabian« den Vorsitz im Schneiderhaus.

7 Die dritte und letzte Ehe der bekannten Hollywoodschönheit galt bei Zeitgenossen als Sensation. Am 29. Juni 1956 gab Marilyn Monroe ihr Ja-Wort dem knapp zehn Jahre älteren Dramatiker Arthur Miller, der mit Werken wie *Tod eines Handlungsreisenden* und *Hexenjagd* berühmt geworden war. Die von der Presse als »Verbindung von Körper und Geist« bezeichnete Beziehung dauerte knapp viereinhalb Jahre. Sie endete nach zwei Fehlgeburten während der Dreharbeiten zu *Misfits – nicht gesellschaftsfähig,* einem Film, zu dem Miller das Drehbuch geschrieben hatte.

8 Die ersten Versuchsprogramme nach dem Krieg kamen seit dem 25. September 1952 aus einem Studio in einem ehemaligen Hochbunker auf dem Heiligengeistfeld in St. Pauli. Von dort aus sendete der NWDR im Dezember 1952 auch das erste offizielle TV-Programm der Bundesrepublik. Doch schon im Herbst 1953 bezog das Deutsche Fernsehen ein neues Studio in Hamburg-Lokstedt. Die beengten Verhältnisse und die damalige Scheinwerfertechnik hatten die Temperatur im Bunker zuweilen auf 60 °C ansteigen lassen; Ansagerin Irene Koss fiel deswegen einmal sogar während einer Moderation in Ohnmacht.

Unterhaltung

9 Welches war die erste offizielle Eurovisionssendung?

der *Eurovision Song Contest*

die Krönung von Königin Elisabeth II.

das Narzissenfest in Montreux

das Neujahrkonzert der Wiener Philharmoniker

10 Wer war bei der Fußball-WM 1954 der Assistent des berühmten Radioreporters Herbert Zimmermann, der durch seine legendäre leidenschaftliche Berichterstattung unsterblich wurde?

Robert Lembke

Hans Rosenthal

Peter Frankenfeld

Hans-Joachim Kulenkampff

11 Wie hieß die Vorgängersendung von *Ein Kessel Buntes*, die zwischen 1956 und 1965 im DDR-Fernsehen lief?

Wo man singt, lass dich ruhig nieder

Da lacht der Bär

Die Volks-Revue

Lieder, Spaß und Prominente

12 Welchen See besang Conny Froboess in dem Schlager *Pack die Badehose ein*?

Wolfgangsee

Wannsee

Chiemsee

Wörthersee

9 Die Eurovision wurde 1954 als Teil der *European Broadcasting Union* (EBU) zum Austausch von Fernseh- und Rundfunkprogrammen gegründet. Die Krönung von Königin Elisabeth II. am 2. Juni 1953 wurde zwar bereits in mehrere europäische Länder übertragen, war aber keine Eurovisionssendung. Der *Eurovision Song Contest* ist seit 1956 eine der bekanntesten Eurovisionsübertragungen, er war jedoch nicht die erste, ebenso wenig wie das Neujahrskonzert der Wiener Philharmoniker, das erst seit 1959 live übertragen wird. Vergleichsweise unspektakulär war die erste offizielle Eurovisionssendung eine Übertragung vom Narzissenfest in Montreux am 6. Juni 1954.

10 Von den vier Moderatoren, die zu Beginn der 50er-Jahre alle für den öffentlich-rechtlichen Rundfunk der BRD tätig waren, begann nur einer nicht von Anfang an im Quiz- und Unterhaltungsbereich, und zwar Robert Lembke. Der gebürtige Münchner arbeitete nach einem abgebrochenen Jura-Studium zuerst als Zeitungsjournalist, bevor er 1949 zum Bayerischen Rundfunk kam. 1954 entsandte ihn die ARD zusammen mit Herbert Zimmermann und vier anderen Journalisten nach Bern, wo er als Ansager beim legendären Endspiel die Radioübertragungen jeweils eröffnete und beendete.

11 Seinen Ursprung hatte *Ein Kessel Buntes,* ab 1972 eine beliebte Unterhaltungssendung im DDR-Fernsehen, im Radio. 1953 war die Vorgängersendung unter dem Titel *Da lacht der Bär* als live gesendete Hörfunkübertragung gestartet. Ab April 1957 wurde die nun aus dem Berliner Friedrichstadtpalast übertragene Sendung parallel im Radio und Fernsehen ausgestrahlt. Geboten wurde ein buntes Programm aus Musik, Sketchen und Showeinlagen. Dabei traten – selbst nach dem Mauerbau – auch Westkünstler auf, darunter u. a. Trude Herr und Roy Black.

12 Im Zentrum des Schlagers, mit dem die damals 8-jährige Cornelia Froboess 1951 zum Kinderstar wurde, steht ein Ausflug zum Berliner Wannsee. Geschrieben worden war der Hit von Connys Vater, dem Komponisten, Tontechniker und Verleger Gerhard Froboess. Ursprünglich sollten ihn die Schöneberger Sängerknaben vertonen, als diese den Song aber ablehnten, durfte sich Conny am Mikrofon versuchen. Auch in der DDR wurde das Lied zu einem Hit, allerdings mit einer kleinen Änderung: Statt an den im Westteil Berlins gelegenen Wannsee führte der Badeausflug »raus ins Strandbad«.

Unterhaltung

13 Wer war Deutschlands erster Fernsehkoch?

Clemens Wilmenrod

Kurt Drummer

Alfred Biolek

Ludwig Schmidseder

14 Wo wurde Freddy Quinn geboren?

Norddeutschland

Niederösterreich

Westholland

französische Schweiz

15 Unter welchem Namen gründete sich 1958 die Anfang der 60er-Jahre als The Butlers bekannt gewordene ostdeutsche Beatband?

Klaus Jentzsch und Band

Beat Combo

Renft

Klaus Renft Combo

16 Was war Ludwig Erhards Markenzeichen?

Dokumentenmappe

Siegelring

Zigarre

Baskenmütze

13 »Ihr lieben, goldigen Menschen…«, mit diesen Worten begrüßte Carl Clemens Hahn alias Clemens Wilmenrod ab dem 20. Februar 1953 die Fernsehzuschauer zur ersten Kochsendung im deutschen Fernsehen. Elf Jahre lang kreierte der erst durch die Sendung zum Koch gewordene Schauspieler Spezialitäten wie Rollbraten, Festtagspute und Toast Hawaii, als dessen Erfinder er übrigens gilt. Der mehrfach ausgezeichnete ostdeutsche TV-Koch Kurt Drummer ging mit seiner Sendung *Der Fernsehkoch empfiehlt* erstmal 1958 auf Sendung.

14 Der neben Udo Jürgens und Peter Alexander bis heute erfolgreichste deutsche Schlagerstar kam 1931 nahe der tschechischen Grenze im niederösterreichischen Niederfladnitz zur Welt. Freddy Quinns Leben gestaltete sich schon früh weniger provinziell, als sein Geburtsort vermuten lässt. Bis zu seinen ersten Schlagererfolgen Ende der 50er-Jahre mit Titeln wie *Heimweh* (1956) und *Die Gitarre und das Meer* (1959) war er in West Virginia zur Schule gegangen, per Anhalter durch Südeuropa und Nordafrika getrampt, hatte im Zirkus gearbeitet und sein Geld mit zahlreichen Auftritten verdient, bei denen er die verschiedensten Instrumente spielte.

15 Der Gründer der Butlers war der 1942 in Jena geborene Klaus Jentzsch, der sich gleich zu Beginn seiner Karriere den Mädchennamen seiner Mutter als Künstlernamen zulegte. Fortan nannte er sich Klaus Renft und gründete als 16-Jähriger unter diesem Namen auch seine erste Band, die Klaus Renft Combo, die sich ab 1962 The Butlers nannte. Da die Butlers wegen ihres westlichen Stils bei den Kulturverantwortlichen der SED Unmut erregten, erhielten sie ab 1965 Auftrittverbot. Die Klaus Renft Combo durfte ab 1967 zwar noch einmal einige Jahre auftreten, kam dann aber erst nach der Wende wieder zusammen.

16 Die große Leidenschaft des 1897 in Fürth geborenen späteren Wirtschaftsministers und Bundeskanzlers Ludwig Erhard waren Zigarren. Ab 1930 waren sie die ständigen, Rauchzeichen gebenden Begleiter des promovierten Betriebswirts und wurden so zu seinem Markenzeichen, lange bevor sie zum sinnfälligen Symbol des Wirtschaftswunders avancierten. Mitunter soll Erhard täglich zwischen 15 und 20 der dicken Tabakrollen geraucht haben. Ob auf der Gedenkbriefmarke zu seinem zehnten Todestag von 1987 oder auf dem Porträt von Günter Rittner, das in der Berliner Kanzlergalerie hängt: Die glimmende Zigarre ist immer dabei.

Unterhaltung

17 **Mit einem Wagen welcher Marke fuhr James Dean 1955 in den Tod?**

Lotus

Porsche

Chevrolet

Ferrari

18 **Wie viele TV-Geräte ungefähr standen in bundesdeutschen Haushalten, als die Krönungsfeierlichkeiten von Elisabeth II. am 2. Juni 1953 über die Mattscheiben flimmerten?**

2000

7500

10 000

38 000

19 **Wer wurde auch »Satchmo« genannt?**

Bill Ramsey

Louis Armstrong

Bruce Low

Benny Goodman

20 **Wie hieß die erste ostdeutsche Krimiserie?**

Polizeiruf 110

Martinshorn

Blaulicht

Der Kommissar

17 Der gerade erst 24-jährige amerikanische Schauspieler befand sich am 30. September 1955 mit seinem Rennwagen, einem silbernen Porsche 550 Spyder, auf dem Weg nach Salinas in Kalifornien, wo er am nächsten Tag an einem Autorennen teilnehmen wollte. Trotz der Abenddämmerung hatte der Schauspieler seine Scheinwerfer nicht eingeschaltet. Ein Ford-Fahrer, der ihm auf der Gegenfahrbahn entgegenkam, bog plötzlich nach links ab, weil er Deans Wagen nicht gesehen hatte. Der Porsche knallte frontal in den Ford; Dean brach sich das Genick und starb noch auf der Fahrt ins Krankenhaus.

18 Anders als in den USA, wo es 1951 bereits etwa 10 Millionen Fernsehteilnehmer gab, oder Großbritannien, wo zur selben Zeit schon etwa 600 000 TV-Geräte registriert waren, konnte die Krönung von Elisabeth II. in Deutschland nur vor rund 7500 Fernsehgeräten miterlebt werden. Das verwundert rückblickend allerdings kaum, denn wer konnte 1953 schon 1200 Mark für einen Standardapparat oder gar 2100 Mark für eine luxuriöse Fernsehtruhe aufbringen? Ein nicht geringer Teil der gemeldeten Geräte stand damals v. a. in Gaststätten, da die Wirte mit der neuen Technik ihre Kundschaft weiter an sich binden wollten.

19 Der amerikanische Jazztrompeter und Sänger Louis Armstrong wurde seiner Lippenform wegen auch »Satchelmouth« genannt, woraus später die Kurzform »Satchmo« wurde. Der in den 50ern und 60ern populäre Kinderstar Gabriele, der sich später Susi Ball nannte, spielte übrigens zusammen mit Armstrong 1959 den Titel *Onkel Satchmo's Lullaby* ein, der ein großer Erfolg wurde. Das Stück stammte ursprünglich aus dem Musikfilm *La Paloma*.

20 Am 20. August 1959 strahlte der DFF seine erste Krimireihe unter dem Titel *Blaulicht* aus. Bis 1968 jagten Oberleutnant Wernicke, Leutnant Thomas und VP-Meister Timm allerlei Ganoven, die zu Beginn hauptsächlich aus dem Westen kamen. Der Mauerbau 1961 ließ diese Verbrecherquelle versiegen, und es dauerte ganze neun Monate, bis sich die Verantwortlichen einig waren, dass es durchaus auch in der DDR Gesetzesbrecher geben könne. Der SED war dies aber gar nicht recht, sie hielt die *Blaulicht*-Macher für Nestbeschmutzer und zwang sie 1968, die Produktion einzustellen.

Unterhaltung

21 Welcher Kölner Schlagersänger und Unterhaltungskünstler komponierte in den 50er-Jahren
so beliebte Karnevalshits wie *Am Aschermittwoch ist alles vorbei* und *Wir kommen alle
in den Himmel?*
Karl Berbuer
Willi Ostermann
Jupp Schmitz
Toni Steingass

22 Wer war in der Nachkriegszeit Direktor des Frankfurter Zoos?
Horst Stern
Heinz Sielmann
Carl Hagenbeck
Bernhard Grzimek

23 Wie nannte man den DJ in der DDR?
Plattenkoch
Tonartist
Schallplattenunterhalter
Aufleger

24 Wie hieß die erste Serienfamilie im deutschen Fernsehen?
Hesselbach
Schmitz
Schölermann
Tetzlaff

21 Wegen seines vollen Oberlippenbarts nannte man den Komponisten mit der rheinischen Frohnatur in seiner Heimat auch gerne »Schnäutzer«. Nach einer klassischen Pianistenausbildung trat der 1901 geborene Jupp Schmitz u.a. als Pianist in Stummfilm-Kinos und Hotelbars auf. Berühmt wurde er allerdings erst nach dem Zweiten Weltkrieg mit seinem ersten Karnevalslied *Wer soll das bezahlen,* das 1949 deutschlandweite Verbreitung fand. In den 50er-Jahren folgten zahlreiche weitere Gassenhauer. Seit 1994 erinnert in der Kölner Altstadt ein Denkmal an den 1991 verstorbenen Künstler mit dem urkölschen Namen Jupp Schmitz.

22 Der 1909 in Oberschlesien geborene Bernhard Grzimek war seit 1933 promovierter Tierarzt. Nachdem Grzimek eine Ernennung zum Polizeipräsidenten durch die Frankfurter US-Behörden abgelehnt hatte, erkärten ihn diese am 1. Mai 1945 zum Direktor des Zoologischen Gartens in der stark zerstörten Main-Metropole. Zwei Monate später wurde der Zoo wiedereröffnet. Grzimek bereiste seit Anfang der 50er Afrika u. a. auch, um Tiere für seinen Zoo zu fangen, denn nur 20 größere hatten im Frankfurter Gehege den Krieg überlebt. Bis 1974 war Grzimek, der inzwischen auch als Tierfilmer und Buchautor berühmt geworden war, Zoodirektor in Frankfurt.

23 In Abgrenzung zur englischen Sprache und der Wortwahl des Klassenfeinds, nannte man den DJ in der DDR per Gesetz Schallplattenunterhalter (SPU). Doch damit nicht genug: Ein SPU hatte nicht nur spezielle Vorschriften zu befolgen – etwa die seit 1958 geltende 60/40-Regel, derzufolge 60 Prozent aller in der DDR gespielten Musik aus sozialistisch regierten Staaten kommen musste –, er musste ab 1973 auch einen Eignungstest bestehen und sich zum staatlich geprüften SPU ausbilden lassen.

24 Nein, es waren nicht die Hesselbachs und die Schmitzens – die waren den Deutschen nur aus dem Hörfunk bekannt, und auch nicht die Tetzlaffs, die erst in den 70er-Jahren ein Herz und eine Seele werden sollten. Es waren die Schölermanns, die vom 29. September 1954 an, fast sechs Jahre lang in über 111 Folgen, jeden zweiten Donnerstagabend über die Mattscheibe flimmerten. Die fünfköpfige Familie repräsentierte den deutschen Mittelstand der 50er-Jahre, und die live übertragene Darstellung wirkte so authentisch, dass mancher Zuschauer glaubte, ins nachbarliche Wohnzimmer zu blicken.

Unterhaltung

25 Wer war Mr. Pumpernickel?
Bill Ramsey
Chris Howland
John Peel
Bruce Low

26 Wie hieß die im DDR-Fernsehen ab 1957 alljährlich am ersten Weihnachtstag ausgestrahlte Fernsehshow?
Fröhliche Weihnacht, Genossen!
Jahresendrevue
Zwischen Frühstück und Gänsebraten
Lasst uns froh und heiter sein

27 Wie hieß das wohl berühmteste TV-Pferd der 50er-Jahre?
Fury
Lassie
Flipper
Black Beauty

28 Mit welchem Getränk ist Max Schmeling seit den 50er-Jahren insbesondere in Norddeutschland untrennbar verbunden?
Nordhäuser Doppelkorn
Jever Pilsener
Coca-Cola
Jacobs Kaffee

25 Mr. Pumpernickel war der Spitzname eines der prominentesten Rundfunksprecher der Nachkriegszeit: Chris Howland. Der Sohn eines zu Lebzeiten äußerst bekannten BBC-Sprechers kam 1948 als Radiomoderator für den britischen Armeesender BFN nach Deutschland. 1952 wurde er vom NWDR als Diskjockey engagiert, ohne dass er – wie sich später herausstellte – auch nur ein Wort Deutsch sprach. Zunächst unterstützt von einer Übersetzerin, moderierte er dennoch die Sendung *Rhythmus der Welt* und später *Spielereien mit Schallplatten*. In einer dieser Sendungen gab Howland sich selbst den Namen Mr. Pumpernickel.

26 Am Vormittag des ersten Weihnachtstags begrüßte das Moderatorengespann Margot Ebert und Heinz Quermann in der Fernsehshow *Zwischen Frühstück und Gänsebraten* jedes Jahr die Familien, die während der Vorbereitungen zum Weihnachtsessen den Fernseher laufen ließen. Bis 1991 wurde live aus dem Friedrichstadtpalast, später auch aus dem Palast der Republik gesendet. Neben Sketchen und Musik wurde von Jochen Petersdorf auch ein modernes Märchen vorgelesen.

27 Black Beauty war zwar – anders als die tierischen Serienhelden Lassie, eine eigensinnige Collie-Hündin, und Flipper, eine quirlige Delfin-Frau – tatsächlich ein berühmtes Pferd, allerdings wurde die Serie, die den von der britischen Schriftstellerin Anna Sewell bereits im 19. Jahrhundert erdachten schwarzen Hengst bei den meisten heutigen Fernsehzuschauern weltberühmt machte, erst in den 70er-Jahren produziert. In den 50er-Jahren spielte sich der ebenfalls schwarze Hengst Fury, der auch den Namen der deutschen Rockband Fury in the Slaughterhouse inspirierte, in die Herzen des TV-Publikums.

28 Der berühmte deutsche Boxer Max Schmeling siegte in den 70 Kämpfen seiner 24-jährigen Profikarriere ganze 56-mal, vier Kämpfe endeten unentschieden und nur zehnmal musste Schmeling eine Niederlage einstecken. Am 31. Oktober 1948 beendete er seine aktive Karriere nach einem Kampf gegen Richard Vogt, den er nach Punkten verlor. Kurz darauf ließ sich Schmeling mit seiner Gattin, der ehemaligen Schauspielerin Anny Ondra, in Wenzendorf nieder und übernahm für den amerikanischen Getränkehersteller Coca-Cola, mit dem er von nun an untrennbar verbunden war, die Generalvertretung Norddeutschland.

Unterhaltung

29 **Wo fand die erste Funkausstellung nach dem Krieg statt?**

Berlin

Frankfurt

Stuttgart

Düsseldorf

30 **Wer sang den Hit *Souvenirs, Souvenirs*, der 1959 nicht nur auf Platz 1 der deutschen Hitparade stand, sondern ganze 27 Wochen in den Top Ten blieb?**

Chris Howland

Billy Mo

Bill Ramsey

Ted Herold

31 **Wie lautete die Parole ostdeutscher Jugendlicher, die im November 1959 gegen die von der SED betriebene Jugend- und Kulturpolitik demonstrierten?**

»Nieder mit Alo Koll, hoch lebe Rock'n'Roll!«

»Rock'n'Roll für alle!«

»Wir wollen Elvis Presley und seinen Rock'n'Roll!«

»Vespa, Jeans und Rock'n'Roll tun auch dem Osten wohl!«

32 **Womit revolutionierte der amerikanische TV-Sender CBS 1951 die Fernsehwelt?**

mit der weltweit ersten Farbfernsehausstrahlung

mit der ersten aufgezeichneten Fernsehsendung

mit dem ersten regelmäßigen TV-Programm in Farbe

mit der ersten Late-Night-Talkshow

29 Die Internationale Funkausstellung (IFA) wurde 1924 unter dem Namen Große Deutsche Funkausstellung gegründet und fand zunächst jährlich statt. Aufgrund des Krieges fiel die zu den ältesten Industriemessen Deutschlands zählende Veranstaltung zwischen 1940 und 1949 aus. Erst 1950 konnte wieder eine Funkausstellung eröffnet werden, allerdings fand diese nicht wie zuvor stets in Berlin, sondern in Düsseldorf statt. Berlin wurde erst 1971 wieder ständiger Veranstaltungsort, zuvor wechselten die Messeschauplätze regelmäßig, auch Frankfurt und Stuttgart gehörten zu den Ausstellungsorten.

30 Der Song, der – anders als der Titel vermuten ließe – nicht den Kauf harmloser Urlaubsandenken aufs Korn nimmt, sondern sich humorvoll über den offenbar bereits in den 50er-Jahren die seltsamsten Blüten treibenden Handel mit Star-Devotionalien mokiert, war der erste Nummer-1-Hit des damals 28-jährigen US-Amerikaners William McCreery Ramsey. Der ehemalige Soziologie- und Wirtschaftsstudent, besser bekannt unter dem Namen Bill Ramsey, machte nicht nur Karriere als Sänger, daneben trat er in insgesamt 28 Filmen auf, war Dozent an einer Musik- und Schauspielschule und arbeitete überdies als Radiomoderator.

31 Schon vor dem Leipziger Beataufstand von 1965 regte sich unter der DDR-Jugend Widerwillen gegen das staatlich kontrollierte Musik- und Unterhaltungsangebot. Am 2. November 1959 kam es in Ostberlin und Leipzig zu ersten öffentlichen Unmutsbekundungen. In Leipzig zog eine Gruppe von 40 Jugendlichen unter dem Ruf »Wir wollen keinen Lipsi und keinen Alo Koll. Wir wollen Elvis Presley und seinen Rock'n'Roll!« Richtung Innenstadt. 15 von ihnen kam dieser Protest teuer zu stehen: Wegen Landfriedensbruch wurden sie zu Haftstrafen zwischen sechs Monaten und viereinhalb Jahren verurteilt – *Jailhouse Rock* à la DDR.

32 Im Juli 1951 begann CBS mit der Ausstrahlung des ersten regelmäßigen Fernsehprogramms in Farbe. Bereits 1939 wurden auf der letzten Funkausstellung vor dem Krieg in Berlin die ersten farbigen TV-Bilder vorgeführt. Es dauerte allerdings noch einige Jahre, bis ein geeignetes System zur Übertragung bunter Bilder entwickelt wurde. CBS war auf diesem Gebiet zunächst führend, ihr System scheiterte jedoch daran, dass alte Schwarz-Weiß-Geräte die bunten Bilder nicht empfangen konnten. Das änderte sich erst 1953 mit der Einführung des NTSC-Systems von RCA.

Unterhaltung

33 **Wer sang den Schlager** *Hab'n Sie nicht 'ne Braut für mich?*, **der ein großer Hit im Jahr 1951 war?**
Bully Buhlan
Paul Kuhn
Vico Torriani
Wolfgang Sauer

34 **Wer war Romy Schneiders erster Ehemann?**
Alain Delon
Harry Meyen
Daniel Biasini
Laurent Petin

35 **Welcher bekannte Hörfunk- und Fernsehentertainer aus der DDR war auch unter dem Namen »Kulenkampff des Ostens« bekannt?**
Heinz Quermann
Klaus Feldmann
O. F. Weidling
Wolfgang Lippert

36 **Unter welchem Künstlernamen trat Udo Jürgens zu Beginn der 50er-Jahre kurzzeitig auf?**
Hans Arp
Udo Bockelmann
John Arp
Udo Bolan

33 Der unter dem Namen Bully Buhlan bekannt gewordene Berliner Sänger, Komponist, Pianist und Schauspieler Hans-Joachim Buhlan war bis zum Ende der 50er-Jahre äußerst erfolgreich. Der schmissige Schlager *Hab'n Sie nicht 'ne Braut für mich?* war nur einer seiner vielen Hits neben der Nachkriegsballade *Ich hab so Sehnsucht nach Würstchen mit Salat* und Liedern wie *Gib mir einen Kuss durchs Telefon* sowie *Lieber Leierkastenmann*. Buhlan verstarb 1982 im Alter von 58 Jahren.

34 Obwohl die Beziehung zu Alain Delon die vielleicht bekannteste und aufsehenerregendste war, die Romy Schneider je hatte, war sie mit dem französischen Filmstar, den sie 1958 bei Dreharbeiten zu *Die Halbzarte* kennenlernte, nie verheiratet. Ihre erste Ehe ging sie 1966 mit dem Theaterregisseur Harry Meyen ein, der auch der Vater ihres 1981 verstorbenen Sohns Christopher war. 1975 heiratete Romy ihren elf Jahre jüngeren Sekretär Daniel Biasini, mit dem sie eine gemeinsame Tochter hatte. Laurent Petin war Romys letzter Lebensgefährte, er fand die Schauspielerin im Frühjahr 1982 tot in ihrer Pariser Wohnung.

35 Der »Kulenkampff des Ostens« hatte ein weitaus breiteres Wirkungsfeld als sein westliches Pendant. Er war nicht nur Schauspieler und Conférencier, sondern auch Redakteur, Regisseur, Talentcoach und Radiosprecher. Der gelernte Bäcker wurde in den 50er-Jahren durch Sendungen wie *Herzklopfen kostenlos, Schlagerlotterie* und *Zwischen Frühstück und Gänsebraten* bekannt und gestaltete annähernd 2500 Hörfunk- und Fernsehsendungen in der DDR. Sein Name: Heinz Quermann. 2007 ehrte ihn der westdeutsche Komiker Didi Hallervorden zusätzlich, indem er zugab, ihm seinen berühmten Sketch *Palim, Palim* zu verdanken.

36 Die eigentliche Karriere des als Udo Jürgen Bockelmann in Klagenfurt geborenen Sängers begann Anfang der 60er-Jahre mit Liedern wie *Kiss me quick* (1963), dem Grand-Prix-Erfolg *Warum nur, warum* (1964) und Kompositionen für Weltstars wie Shirley Bassey und Frank Sinatra. Doch schon in den 50er-Jahren hatte sich der Neffe des Dadaisten Hans Arp der Musik gewidmet. Noch als Schüler hatte er 1950 einen Komponistenwettbewerb des Österreichischen Rundfunks gewonnen und danach seine erste Band unter dem Namen Udo Bolan gegründet. Diesen änderte er jedoch in Udo Jürgens, nachdem seine erste Platte gefloppt war.

Unterhaltung

37 Welche Rolle spielte Manfred Krug bei seinem ersten TV-Auftritt?

einen Jäger

einen Sänger

einen Funker

einen Rechtsanwalt

38 Mit welchem Kinderlied begeisterte Heinz Rühmann 1955 die Nation?

Heitschi Bumbeitschi

Schlaf, Kindlein, schlaf

LaLeLu

Der Mond ist aufgegangen

39 Wie hieß der erste TV-Mehrteiler im Deutschen Fernsehen?

Heimat, deine Sterne

Das Halstuch

Der Arzt von Stalingrad

So weit die Füße tragen

40 Welchen Berufsstand besang Rudi Schuricke in seinem Erfolgsschlager aus dem Jahr 1950?

Matrosen

Fischer

Kapitäne

Gondoliere

37 Manfred Krugs erster Auftritt im DFF datiert auf den 23. September 1956. Gute acht Monate nach Aufnahme des regulären DDR-TV-Programms spielte der damals 19-Jährige in der Kindersendung *Flug-Kapitän Peter* einen Funker. Es folgten weitere kleine Auftritte, bis man Ende 1957 einen musikalischen und schauspielerisch geübten Mimen für die Rolle des Jägerburschen Caspar in Webers *Der Freischütz* suchte, der als Weihnachtsoper gesendet werden sollte. Krug erhielt die Rolle und begeisterte im Laufe der Live-Sendung Regisseur wie Publikum.

38 Obwohl Rühmann dem breiten Publikum in erster Linie als Schauspieler bekannt ist, hat er in seinen Filmen immer wieder auch seine musikalische Ader unter Beweis gestellt. Ob 1930 mit *Ein Freund, ein guter Freund* in seinem ersten Filmhit *Die drei von der Tankstelle*, 1939 mit *Das kann doch einen Seemann nicht erschüttern* in *Paradies der Junggesellen* oder mit dem von Heino Gaze komponierten Gutenachtlied *LaLeLu*, das er 1955 in *Wenn der Vater mit dem Sohne* sang. Das Stück zählt inzwischen zu den Klassikern seines Genres und wurde von Stars wie Karel Gott, Montserrat Caballé und Pur gecovert.

39 Bei der ersten Serienproduktion des Deutschen Fernsehens weisen die einzelnen Folgen noch unterschiedliche Spiellängen – zwischen 57 und 86 Minuten – auf. Die erste Episode der sechsteiligen Serie feierte ihre Premiere am 12. Februar 1959 und wurde zu einem durchschlagenden Erfolg. Die Geschichte des aus einem sibirischen Gefangenenlager fliehenden ehemaligen Wehrmachtssoldaten Clemens Forell, verfilmt unter dem Titel *So weit die Füße tragen*, wurde zum ersten »Straßenfeger« der deutschen Fernsehgeschichte und musste noch im selben Jahr wiederholt werden.

40 Schurickes Hit stammt aus den Federn von Gerhard Winkler und Ralph Maria Siegel – dem Vater des bekannten Produzenten Ralph Siegel. Geschrieben hatten die beiden Musiker den inzwischen von zahlreichen Schlagerstars eingespielten Song bereits 1943; im selben Jahr wurde er von Magda Hain erstmals vertont. Allerdings führte sie ihn nur zu mäßigem Erfolg, denn das Stück wurde von den Nationalsozialisten verboten, waren doch 1943 bereits die Amerikaner auf der im Lied besungenen Insel gelandet. Capri hieß diese, und die Fischer, die dort arbeiteten, standen im Zentrum des Geschehens.

Unterhaltung

41 Der gebürtige Kölner hatte sich im Garten seines Hauses in Rhöndorf bei Bonn eigens eine Boccia-Bahn anlegen lassen, um seiner Passion nachgehen zu können, wann immer es sein Terminkalender zuließ. Boccia ist eine italienische Variante des Boule. Anders als Boule wird es allerdings auf einem vollkommen ebenen Untergrund gespielt, meist einer Kunststoff- oder gewalzten Sandbahn. Ziel des Spiels ist es, seine Spielkugeln möglichst nahe an eine zuvor platzierte Setzkugel heranzuwerfen. Adenauer war übrigens auch ein leidenschaftlicher Rosenzüchter.

42 Vom 1. Oktober 1958 bis zum 2. März 1960 war Elvis als Soldat in der in Friedberg gelegenen US-Garnison *Gießen Army Depot* stationiert. Gewohnt hat der im US-amerikanischen Tupelo geborene Rock'n'Roll-Star während dieser Zeit allerdings in der nahe gelegenen Kurstadt Bad Nauheim. Dort lernte er 1959 auch die damals erst 14 Jahre alte Soldatentochter Priscilla Beaulieu kennen, die er 1967 heiratete.

43 Der 1915 im oberschlesischen Ratibor geborene Geistliche mobilisierte ab den 50er-Jahren in ganz Deutschland Menschenmassen, die seinen Predigten auf Straßen und Plätzen, in Fußballstadien und sogar Zirkusarenen lauschten. In harschen, deftigen Worten geißelte er die Dekadenz der Wohlstandsgesellschaft. Sein ungestümer Eifer brachte ihm den Spitznamen »Maschinengewehr Gottes« ein. Seine furiosen, wortmächtigen Predigten, in denen er Politik und Gesellschaft die Leviten las, wurden auch in Büchern und auf Schallplatten unters Volk gebracht.

44 Nachdem die gebürtige Mönchengladbacherin bei der Wahl zur Miss Germany nur den dritten Platz erzielt hatte, wurde sie am 15. Oktober 1956 in London als bisher einzige Deutsche zur Miss World gekürt. Warum es Schürmann war, die damals nach London reiste, und nicht die Miss-Germany-Siegerin Marina Orschel, ist nicht mehr zweifelsfrei zu klären. In der häufiger zitierten Quelle heißt es, Schürmann habe besser Englisch gesprochen, eine weniger verbreitete Version besagt, dass Orschel krank geworden sei und die Zweitplatzierte als Minderjährige keine Reiseerlaubnis von ihren Eltern bekommen habe.

Unterhaltung

45 Wer war Friedel Hensch?
eine Schlagersängerin
ein Komponist
eine TV-Ansagerin
ein Musikproduzent

46 Wo öffnete am 17. Juli 1955 der größte Freizeitpark der Welt seine Tore?
Orlando
Anaheim
Tokio
Atlantic City

47 Welches der folgenden Paare war kein Leinwandtraumpaar der 50er-Jahre?
Sonja Ziemann und Rudolf Prack
Maria Schell und O.W. Fischer
Ruth Leuwerik und Dieter Borsche
Karin Dor und Heinz Drache

48 Wer sang in den 50er-Jahren Hits wie *Ganz Paris träumt von der Liebe*, *Wo meine Sonne scheint* und *Tschau, Tschau, Bambina*?
Vico Torriani
Caterina Valento
Udo Jürgens
Lale Anderson

45 Friedel Hensch war der Kopf eines besonders in den 50er-Jahren populären deutschen Schlagersängerquartetts namens Friedel Hensch und die Cyprys. Die Sängerin hatte die Gruppe 1946 zusammen mit ihrem 16 Jahre jüngeren Ehemann Walter Cyprys gegründet. Die beiden anderen Sänger des Quartetts waren Karl Geithner und Kurt Krysack. Bekannt wurden Friedel Hensch und die Cyprys insbesondere durch Schlager wie *Die Fischerin vom Bodensee* (1951) und *Oh, Heideröslein* (1953).

46 Der größte Freizeitpark der Welt stand im Juli 1955 im kalifornischen Anaheim. Es war der von Walt Disney gegründete Disneyland-Park, der bei seiner Eröffnung eine enorm große Fläche einnahm. 2500 Arbeiter hatten für eine Summe von 17 Millionen Dollar – damals rund 73 Millionen D-Mark – eine fantasievolle Erlebnislandschaft mit Requisiten und Figuren aus zahlreichen Disney-Geschichten geschaffen. Inzwischen sind mehrere Ableger des Parks in Orlando in Florida, Tokio und Paris entstanden, und die Fläche der ursprünglichen Attraktion ist durch verschiedene Erweiterungen auf 34 Hektar angewachsen.

47 Abgesehen von Karin Dor und Heinz Drache zählen alle anderen zu Traumpaaren des deutschen Films der 50er-Jahre, die jeweils einen anderen Paartypus verkörperten: Sonja Ziemann und Rudolf Prack bildeten eine moderne Märchenkombination, mit Prack als gut situiertem Industriellen, der die hübsche, junge Ziemann in eine Welt aus romantischer Liebe und gediegenem Wohlstand entführt. Maria Schell und O. W. Fischer repräsentierten das leidenschaftliche Paar, das jegliche Vernunft in den Wind schlägt, während bei Ruth Leuwerik und Dieter Borsche eher die häuslichen Tugenden in den Vordergrund treten.

48 Die Interpretin dieser bis heute deutschlandweit bekannten Titel war die 1931 in Paris geborene Catarina Valente. Die Tochter der als Musikclown auftretenden Maria Valente und des Akkordeonspielers Giuseppe Valente wuchs in einer Zirkus- und Varietéwelt auf, sodass ihr eigener künstlerischer Werdegang schon früh vorgeprägt gewesen war. Bereits im Alter von 16 Jahren trat Valente als Sängerin in einem Nachtclub auf, 1952 entstanden ihre ersten offiziellen Gesangsaufnahmen in Zürich, und 1954 erschien ihr erster großer Hit *Ganz Paris träumt von der Liebe*.

Unterhaltung

49 Auf welcher Bühne spielte das Stück *Der Etappenhase*, das 1953 als erste Live-Übertragung einer Theateraufführung in die deutsche Fernsehgeschichte einging?

Ohnsorg-Theater

Millowitsch-Theater

Bad Godesberger Kammerspiele

Mannheimer Nationaltheater

50 Welche inzwischen traditionelle Veranstaltung des Münchner Oktoberfests feierte 1950 Premiere?

Einzug der Wiesnwirte

Trachtenumzug

Fassanstich

Plakatwettbewerb

51 Wen heiratete Nadja Tiller 1956?

Walter Giller

Georg Thomalla

Gunther Phillip

O. W. Fischer

52 Welchen Beruf übte Hans Sachs aus, der von der ersten Stunde an Robert Lembkes *Was-bin-ich?*-Rateteam angehörte?

Chirurg

Professor für Altertumskunde

Oberstaatsanwalt

Buchhändler

49 Das von Karl Bunje in den 30er-Jahren verfasste Schauspiel *Der Etappenhase* zählt zu den Klassikern des deutschen Volkstheaters. Eine Gruppe Soldaten hockt während des Ersten Weltkrieges in einer beschlagnahmten Stube irgendwo in Flandern und sehnt sich nach einem Stück Fleisch. Bald taucht von irgendwoher ein Hase auf, doch wer darf ihn verspeisen? Obwohl Buntje in Norddeutschland zuhause war und sein Stück ursprünglich in der niederdeutschen Mundart verfasst hatte, kam die erste Live-Übertragung seines Schwanks nicht von der Hamburger Ohnsorg-Bühne, sondern aus dem Kölner Millowitsch-Theater.

50 Das Münchner Oktoberfest findet bereits seit 1810 auf der inzwischen im Westteil der Stadt gelegenen Theresienwiese statt. Seitdem haben sich zahlreiche Veranstaltungen um das Fest etabliert, die mittlerweile eine lange Tradition haben. Bis zum Zweiten Weltkrieg wurde noch regelmäßig ein Pferderennen veranstaltet. 1887 kam mit dem Einzug der Wiesnwirte eine weitere Attraktion hinzu. Der Trachtenumzug fand erstmals 1835 statt, der Plakatwettbewerb wurde 1952 eingeführt. 1950 kam es erstmals zum offiziellen Fassanstich durch den Münchner Oberbürgermeister, der das Fest seither mit den Worten »O'zapft is« eröffnet.

51 Nachdem Nadja Tiller 1958 mit der Titelrolle in Rolf Thieles Film *Das Mädchen Rosemarie* der internationale Durchbruch gelungen war, galt sie als eine der erotischsten Frauen des europäischen Kinos neben Größen wie Sophia Loren und Brigitte Bardot. Allerdings war die 1929 in Wien geborene Schauspielerin damals schon seit zwei Jahren verheiratet, und zwar mit demselben Mann, der heute noch an ihrer Seite lebt: dem immer wieder in die Rolle des jugendlichen Schelm schlüpfenden Schauspielers Walter Giller, den sie 1953 bei den Dreharbeiten zu *Schlagerparade* kennengelernt hatte.

52 Der 1912 in Augsburg geborene Hans Sachs war Oberstaatsanwalt in Nürnberg. Von der ersten Folge der beliebten Quizsendung an, die am 2. Januar 1955 noch unter dem Titel *Ja oder Nein* ausgestrahlt worden war, gehörte er zu Lembkes Rateteam. Diesem blieb er bis zur Einstellung der Sendung 1989 treu. Der erste Stargast beim heiteren Beruferaten war Vico Torriani. Hans Sachs wurde 1953 der Karnevalsorden *Wider den tierischen Ernst* verliehen, außerdem gehörte er zu den Begründern der Opferhilfsorganisation Weißer Ring.

Kunst & Kultur

Kultur in den 50ern

… das waren deutsche Künstler, die ins Exil gegangen waren und nun in die Heimat zurück-
kehrten oder deren Werke dort zumindest wieder zugänglich waren. Da waren junge Autoren
wie in der Gruppe 47, die nach der Verseuchung der Sprache durch die Nazis erst eine neue
Sprache finden mussten. Während man sich hier zunächst mit dem eigenen Leid befasste
oder einfach nur ungegenständlich herumexperimentierte, wurden dort Sinn und Zweck der
Kunst im Sinne des Staates programmatisch vorgegeben. Es war die große Zeit des Kinos, als
man hier gerne Arztdramen und Heimatfilme schaute und in Hollywood vollendete Unterhaltung produziert wurde, als mit Marilyn Monroe eine neue Diva die Bühne betrat. Es war die
Zeit, als ein Mann, der auf der Bühne seine Hüften kreisen ließ und Musik machte wie keiner vor
ihm, als Soldat nach Deutschland kam – und uns seine Musik brachte. Ebenfalls nicht nach
dem Geschmack der Spießer war die Literatur des Kaschuben mit dem Walrossschnäuzer, der
einen kleinwüchsigen Blechtrommler einen entlarvenden Blick auf die jüngste Vergangenheit
werfen ließ.

1 **Welcher Kunststil wurde in der DDR von der Politik zur nationalen Kunstdoktrin erhoben?**
  Naturalismus
  Realismus
  Formalismus
  Expressionismus

2 **Welche namhaften deutschen Schauspieler gaben in dem Musik- und Heimatfilm**
  ***Wenn der weiße Flieder wieder blüht* 1953 ihr Leinwanddebüt?**
  Sonja Ziemann und Rudolf Prack
  Manfred Krug und Armin Mueller-Stahl
  Romy Schneider und Götz George
  Nadja Tiller und Horst Buchholz

3 **Was war das Besondere an der Verleihung des Literaturnobelpreises im Jahr 1950?**
  Der Preis wurde nicht verliehen.
  Der Preis wurde zweimal verliehen.
  Der Preisträger musste den Preis wieder zurückgeben.
  Der Preisträger starb während der Preisverleihung.

4 **Wer leitete das berühmte Frankfurter Institut für Sozialforschung nach seiner**
  Wiedereröffnung 1951?
  Max Horkheimer
  Theodor W. Adorno
  Herbert Marcuse
  Walter Benjamin

1 Im März 1951 wurde vom Zentralkomitee der SED festgelegt, dass sich das Kunstschaffen in der DDR am sogenannten Sozialistischen Realismus zu orientieren habe. Alles Formalistische und Abstrakte, das gerade in der Nachkriegszeit en vogue war, wurde strikt abgelehnt. Die Kunst sollte – ganz im Dienst der Politik stehend – stattdessen das gesellschaftliche Ideal des Arbeiter- und Bauernstaates in lebensechten Darstellungen propagieren. Gewünscht waren demnach zur Unterweisung der Bevölkerung idealtypische Szenen aus dem sozialistischen Arbeitsalltag.

2 Der Film um den Wiesbadener Kneipensänger Willi Forster, der seine Frau nach einem Streit in Deutschland sitzen lässt, um in Amerika als Schlagersänger Karriere zu machen, war für die damals 15-jährige Romy Schneider – die hier als Forsters Tochter Evchen ihren ersten Filmauftritt hatte – bereits rollenprägend. Ähnlich wie in den späteren *Sissi*-Filmen spielt sie ein fröhliches und weltoffenes Mädchen, das sich in einer nicht immer harmonischen Erwachsenenwelt behaupten muss. Der ebenfalls 15-jährige Götz George gab sein Leinwanddebüt in diesem Film in einer Nebenrolle.

3 Da sich die Jury im Vorjahr nicht auf einen Preisträger hatte einigen können, wurde der Preis 1950 gleich zweimal verliehen: Für das laufende Jahr ging er an den britischen Mathematiker und Philosophen Bertrand Russel, rückwirkend für das Jahr 1949 erhielt ihn der amerikanische Schriftsteller William Faulkner. Obwohl bereits öfter diskutiert wurde, dass der eine oder andere Preisträger seinen Preis aus meist ethischen Gründen zurückgeben solle, ist dies bisher nie geschehen, ebenso wenig verstarb bislang ein Preisträger während der Verleihung.

4 Von 1931 bis zur Schließung des Frankfurter Instituts für Sozialforschung durch die Nazis im März 1933 war Max Horkheimer der Leiter der Forschungseinrichtung, die sich dem wissenschaftlichen Marxismus verschrieben hatte. Das Institut wurde schließlich an die Columbia University nach New York verlegt, wo viele der ihm angehörenden Wissenschaftler wie Horkheimer, Adorno und Marcuse im Exil lebten. 1950 zog das Institut wieder nach Frankfurt, wo es Max Horkheimer als Leiter 1951 wiedereröffnete. Der nach Frankreich emigrierte Walter Benjamin beging am 27. September 1940 auf der Flucht vor den Nazis Selbstmord.

Kunst & Kultur

5 **Wann fand die erste documenta statt?**
1952
1955
1957
1959

6 **Von wem stammt der Gedichtband *Die Vorzüge der Windhühner* aus dem Jahr 1956?**
Erich Fried
Paul Celan
Günter Grass
Ingeborg Bachmann

7 **Wie hieß der Clown, zu dessen Markenzeichen auch der Ausspruch »Nit mö-ö-ö-glich« gehörte?**
Leo
Grock
Settembrini
Hans Schnier

8 **Welches Orchester wählte Herbert von Karajan im März 1955 zu seinem neuen Chefdirigenten?**
die Berliner Philharmoniker
das Bayerische Staatsorchester
die Wiener Philharmoniker
die Wiener Symphoniker

5 Die documenta fand erstmals 1955 als Beleitprogramm zur damals in Kassel laufenden Bundesgartenschau statt. Initiator war der Grafiker und Kunstprofessor Arnold Bode, der die documenta zunächst weniger als Präsentationsplattform für zeitgenössische Kunst konzipiert hatte, denn als Bühne für jene Werke, die – wie Bodes eigene – zur Zeit des Nationalsozialismus in Deutschland als »entartet« gebrandmarkt worden waren. Im Zentrum der ersten documenta stand somit v. a. die abstrakte Kunst der 20er- und 30er-Jahre. Erst in den folgenden Jahren verlagerte sich der Schwerpunkt auf zeitgenössische Werke.

6 Günter Grass schrieb zunächst Gedichte und absurde Theaterstücke, bevor er mit dem Roman *Die Blechtrommel* 1959 kometenartig am Literaturhimmel emporstieg. Bereits ein Jahr zuvor hatte Grass den dritten Preis im Lyrikwettbewerb des Süddeutschen Rundfunks und eine Einladung zur Tagung der Gruppe 47 erhalten, wo er im Lauf der Jahre auch Paul Celan, Ingeborg Bachmann und Erich Fried kennenlernte. Von dem auch Zeichnungen des Autors enthaltenden Gedichtband *Die Vorzüge der Windhühner* wurden bis zum Erscheinen der *Blechtrommel* allerdings nur 480 Exemplare verkauft.

7 Der Schweizer Adrian Wettach war der Sohn eines Uhrmachers und Akrobaten. Er erlernte bereits in frühen Jahren Akrobatik, Jonglieren, Tanz und die virtuose Beherrschung verschiedener Instrumente wie Klavier, Geige und Konzertina – ein Miniakkordeon ähnliches Handzuginstrument. Überdies beherrschte Wettach einige Sprachen. 1903 debütierte er als Clown Grock. In der Folge erlebte er eine sagenhafte Karriere, in deren Verlauf er auf der halben Welt auftrat. 1954 verabschiedete er sich von der Bühne, fünf Jahre später starb er.

8 Während einer US-Tournee, auf der er den Ende 1954 verstorbenen Chefdirigenten Wilhelm Furtwängler vertrat, wurde Karajan von den Berliner Philharmonikern zum neuen künstlerischen Leiter gewählt. 34 Jahre lang stand der gebürtige Salzburger dem Orchester vor – länger als jeder andere bisherige Chefdirigent. Von Kritikern wird er besonders für den vollen, seidenen Klang gelobt, den die Berliner Philharmoniker unter seiner Leitung ausbildeten. Neben seinem Posten als Chefdirigent war Karajan von 1957 bis 1964 Leiter der Wiener Staatsoper, 1967 rief er die Salzburger Osterfestspiele ins Leben.

Kunst & Kultur

9 Welcher ehemalige Bauhaus-Lehrer, der 1956 verstarb, betätigte sich bereits Anfang des 20. Jahrhunderts als Comic-Zeichner?

Johannes Itten

Walter Gropius

Paul Klee

Lyonel Feininger

10 Wie kam Buddy Holly ums Leben?

Autounfall

Flugzeugabsturz

Überdosis Heroin

Stromschlag

11 Wie hieß der Film, für den Audrey Hepburn in den 50er-Jahren den Oscar in der Kategorie »Beste Hauptdarstellerin« verliehen bekam?

Ein Herz und eine Krone

Sabrina

Krieg und Frieden

Geschichte einer Nonne

12 Was war der Dichter Gottfried Benn von Beruf?

Arzt

Notar

Offizier

Pfarrer

9 Der einzige, der vier genannten Bauhaus-Lehrer, der jemals Comics zeichnete, war Lyonel Feininger. Der in New York geborene Sohn eines deutschen Musikerehepaares begann seine berufliche Karriere als Karikaturist und Illustrator und zeichnete ein Jahr lang zwei Comic-Serien für die Chicago Sunday Tribune. Walter Gropius berief ihn 1919 als Leiter der grafischen Werkstatt ans Staatliche Bauhaus in Weimar. 1937 emigrierte Feininger, dessen Werke in Deutschland inzwischen als »entartet« galten, mit seiner Familie in die USA, wo er 1956 starb.

10 Seinen Durchbruch feierte der 1936 geborene amerikanische Rock'n'Roll-Musiker Buddy Holly, der mit bürgerlichem Namen Charles Hardin Holley hieß, in den Jahren 1955 und 1956. Mit Songs wie *That'll be the day*, *Peggy Sue* oder *Oh boy* war er äußerst erfolgreich. Am 3. Februar 1959 kam er zusammen mit zwei anderen Rock'n'Roll-Stars, Ritchie Valens und Jiles Perry Richardson Jr. alias »The Big Bopper«, die mit ihm auf Tournee waren, bei einem Flugzeugabsturz auf dem Weg zur nächsten Auftrittsstätte ums Leben. Das Unglück ging als *The Day the Music Died* in die Rock-Geschichte ein.

11 Bereits ihre erste Hauptrolle in der Filmromanze *Ein Herz und eine Krone* von 1953 brachte der Hollywoodschauspielerin britisch-niederländischer Herkunft den begehrten Filmpreis ein. An der Seite von Gregory Peck spielt Hepburn darin die junge Prinzessin Anna, Thronanwärterin eines nicht näher bestimmten Staates, die sich während eines Rom-Aufenthalts in den Reporter Joe Bradley verliebt. Die Affäre mit ihm bleibt jedoch ein kurzes, unschuldiges Intermezzo; gegen Ende der Filmhandlung begibt sich Anna freiwillig, aber um einige glückliche Stunden reicher, in ihren goldenen Käfig zurück.

12 Gottfried Benn wurde am 2. Mai 1886 als Sohn eines protestantischen Pfarrers geboren. Nach einem Medizinstudium ließ er sich in Berlin als Facharzt für Haut- und Geschlechtskrankheiten nieder. Seine Erfahrungen als Arzt schlugen sich in seinen frühen expressionistischen Werken nieder. Grelle Szenen um Krankheit, Tod und Verwesung, durchsetzt mit medizinischem Vokabular und aus nüchtern distanzierter Haltung geschildert, kennzeichnen diese frühe Schaffensperiode. Benn gilt als einer der bedeutendsten deutschen Lyriker des 20. Jahrhunderts. Er starb am 7. Juli 1956 in Berlin – einen Monat vor seinem Antipoden Bertolt Brecht.

13 **Auf welcher Bühne präsentierte Bertolt Brechts Berliner Ensemble ab 1954 seine Stücke?**

Volksbühne

Theater am Schiffbauerdamm

Deutsches Theater

Maxim-Gorki-Theater

14 **Welche Schule wurde 1953 von der Geschwister-Scholl-Stiftung ins Leben gerufen?**

eine Journalistenschule

eine Schwesternschule

eine Designschule

eine Schule für geistig behinderte Kinder

15 **Welche gastronomische Einrichtung besang Elvis in seinem ersten auf Rang 1 der amerikanischen *Billboard-Single-Charts* platzierten Song?**

eine Bar

ein Motel

ein Hotel

ein Restaurant

16 **Welcher Film durfte nach seiner Fertigstellung sechs Jahre lang nicht in der BRD gezeigt werden?**

Die Mörder sind unter uns

Der Untertan

Das Beil von Wandsbek

Die Sünderin

13 Bertolt Brecht hatte sein amerikanisches Exil nach einer Vorladung vor das Komitee für un-amerikanische Aktivitäten 1947 verlassen und war in die Schweiz gezogen. Nach Westdeutsch-land durfte der von den Nazis Ausgebürgerte nicht einreisen, und so kam er 1948 über Prag mit einem tschechischen Pass nach Ostberlin. Dort gründete er mit Helene Weigel das Berliner Ensemble. Übergangsweise durfte die Schauspieltruppe das Deutsche Theater als Spielstätte mitnutzen, bis sie mit dem Theater am Schiffbauerdamm 1954 endlich ihr eigenes Haus unweit von Brechts Wohnhaus in der Chausseestraße 125 bekam.

14 Am 3. August 1953 nahm die neu gegründete Hochschule für Gestaltung (HfG) ihren Lehr-betrieb in den Räumen der Ulmer Volksschule auf. Initiatoren der bedeutenden Designschule waren Max Bill, Otl Aicher und Inge Aicher-Scholl, die im Gedenken an ihre von den National-sozialisten zum Tode verurteilten Geschwister Sophie und Hans auch die Trägerstiftung der Schule gegründet hatte. Die HfG genoss bis zu ihrer Schließung 1968 einen hervorragenden Ruf und prägte den heutigen Studiengang Design und den Beruf des Designers entscheidend mit.

15 Mit seiner sechsten Single *Heartbreak Hotel* gelang Elvis im Januar 1956 endlich der Durch-bruch in den USA. Schon seine erste Single *That's All Right Mama*, ein im neuen Rock'n'Roll-Sound vertontes Blues-Stück von Arthur Crudup, hatte für Aufsehen gesorgt, als sie zwei Tage nach ihrem Erscheinen im Sommer 1954 auf dem regionalen Radiosender WHBQ in Memphis vorgestellt wurde und aufgrund zahlreicher Hörerwünsche noch am selben Abend etliche Male wiederholt werden musste. Nach *Heartbreak Hotel* aber setzte erst in den USA und dann weltweit eine wahre Elvis-Hysterie ein, die noch viele Jahre andauern sollte.

16 Von Regisseur Wolfgang Staudte, der 1946 schon den Film *Die Mörder sind unter uns* ge-dreht hatte, stammte auch der DEFA-Streifen *Der Untertan*, eine Verfilmung des gleichnami-gen Romans von Heinrich Mann, der 1951 in die Kinos kam – allerdings nicht in die der BRD. Denn während der satirische Film über die wilhelminische Untertanenmentalität international breite Anerkennung fand, wurde er in der Bundesrepublik verboten, da er – schwer nachvoll-ziehbar – als Verunglimpfung Westdeutschlands empfunden wurde. Erst 1957 durfte er dort, allerdings um elf Minuten gekürzt, gezeigt werden.

Kunst & Kultur

17 Am 18. April 1955 verstarb der noch zu Lebzeiten zu einer Ikone der Wissenschaft gewordene Albert Einstein im Alter von 76 Jahren im amerikanischen Princeton. Dem in Ulm geborenen Physiker, dem wir neben der Relativitätstheorie noch andere bahnbrechende Erkenntsisse verdanken, wurde 1921 der Nobelpreis für Physik verliehen. Der aus einer jüdischen Familie stammende Deutsche blieb nach Hitlers Machtübernahme in den USA und kehrte nicht in seine Heimat zurück. Thomas Mann starb kurz nach ihm, am 12. August 1955. Der Physiker Werner Heisenberg verschied 1975 und der Chemiker Otto Hahn 1968.

18 Der 1890 in Moskau geborene Schriftsteller Boris Pasternak hatte sich vor allem als Lyriker einen Namen gemacht, als er mit seinem Roman *Doktor Schiwago* fast über Nacht als großer Erzähler Weltruhm erlangte. Die Handlung spielt zur Zeit der Oktoberrevolution und in den ersten nachrevolutionären Jahren. Wegen revolutionskritischer Inhalte war das Erscheinen des Romans in der UdSSR verboten. Der 1957 zuerst in einer italienischen Übersetzung erschienene Roman wurde bald ein Welterfolg. Pasternak sollte 1958 den Literaturnobelpreis erhalten, den er aber aufgrund von massivem Druck durch sowjetische Funktionäre nicht annahm.

19 Der auch als »deutscher Elvis« bekannte Sänger und Schauspieler bekam nicht nur seine erste Hauptrolle, sondern hatte seinen ersten Filmauftritt überhaupt als 15-Jähriger in der Rolle des Waisenjungen Johnny in der Erstverfilmung von *Das fliegende Klassenzimmer* aus dem Jahr 1954. Die unter der Regie von Kurt Hoffmann und nach einem Drehbuch von Kästner selbst realisierte Verfilmung, in dem der Autor auch als Erzähler auftritt, gilt bis heute als eine der werkgetreuesten Umsetzungen des Romans.

20 Der am 23. März 1900 in Frankfurt am Main geborene Erich Fromm leitete von 1930 bis 1934 das Sozialpsychologische Institut des berühmten Frankfurter Instituts für Sozialforschung. Sein populäres Werk *Die Kunst des Liebens* erschien 1956. Die Liebe stellt für Fromm die höchste Erfüllung dar, da man dank ihr die Einsamkeit überwinde und sich mit der Welt verbinde. Die Liebe resultiert dabei v. a. aus der Fähigkeit zu lieben, die wiederum Wissen und ein aktives Bemühen voraussetzt. Fromm setzt sich in seinem Buch kritisch mit dem modernen Begriff der romantischen Liebe auseinander.

21 **Was machte Maria Callas in den 50er-Jahren international berühmt?**

ihre Affäre mit dem Milliardär Aristoteles Onassis

ihre Fähigkeit, durch das Singen des hohen C, Gläser zerspringen zu lassen

ein Diätprogramm, mit dem sie im Laufe eines Jahres knapp 30 Kilogramm abnahm

ein Stimmumfang von drei Oktaven

22 **Welcher deutsche Schriftsteller kam nach acht Jahren Gefängnis aus DDR-Haft frei?**

Siegfried Lenz

Uwe Johnson

Erwin Strittmatter

Walter Kempowski

23 **Mit welchem inzwischen zum Klassiker gewordenen Film kopierte sich Alfred Hitchcock in den 50er-Jahren selbst?**

Bei Anruf Mord

Das Fenster zum Hof

Der Mann, der zu viel wusste

Der unsichtbare Dritte

24 **Wie wurde das 1959 beschlossene kulturpolitische Programm genannt, durch das die sozialistische deutsche Nationalkultur der DDR gefördert werden sollte?**

Bitterfelder Weg

Hallstein-Doktrin

Greif zur Feder, Kumpel!

Wittenberger Thesen

21 Zwar geriet die Callas in den 50er-Jahren auch wegen einer nachhaltig erfolgreichen Radikaldiät – sie soll ein Schilddrüsenextrakt und Hormone genommen haben, um ihren Stoffwechsel zu beschleunigen – und ihrer im Hinblick auf die damaligen Moralvorstellungen äußerst skandalösen Affäre zu Aristoteles Onassis – beide waren zur Zeit ihrer Beziehung noch verheiratet – in die Schlagzeilen, berühmt wurde sie allerdings durch ihren außergewöhnlich großen Stimmumfang, der ganze drei Oktaven umfasste und es ihr ermöglichte, die unterschiedlichsten Gesangsrollen anzunehmen.

22 Der in Rostock geborene Walter Kempowski, der nach dem Krieg in Wiesbaden bei den Amerikanern Arbeit gefunden hatte, wurde 1948 als 18-Jähriger vom russischen Geheimdienst verhaftet, als er seine Mutter in seiner Heimatstadt besuchte. Wegen angeblicher Spionage wurden er und sein Bruder zu 25 Jahren Haft verurteilt, seine Mutter zu zehn Jahren. Nach acht Jahren Haft in der DDR wurde er vorzeitig entlassen und ging in den Westen. Sein Buch über die Zeit im Gefängnis *Im Block* erschien 1969. Erfolgreicher waren sein späterer Roman *Tadellöser & Wolff* sowie das monumentale dokumentarische Werk *Das Echolot*.

23 Nach mehreren großen Erfolgen in Hollywood, die Ende der 40er-, Anfang der 50er-Jahre mit Filmen wie *Cocktail für eine Leiche*, *Der Fremde im Zug* und *Über den Dächern von Nizza* immer zahlreicher geworden waren, wandte sich Hitchcock 1955 einem Stoff zu, den er 21 Jahre zuvor schon einmal verfilmt hatte: die Geschichte eines Ehepaares, dessen Kind entführt wird, weil der Gatte eine gefährliche Geheimbotschaft kennt. 1934 von dem heute eher unbekannten Briten Leslie Banks gespielt, war James Steward 1956 der Mann, der zu viel wusste.

24 Gemäß der Forderung von Walter Ulbricht, dem ersten Sekretär des Zentralkomitees der SED, dass sich Kunst, Arbeitswelt und öffentliches Leben stärker verbinden sollten, beschlossen DDR-Autoren auf einer Konferenz im VEB Chemiekombinat Bitterfeld, die »Trennung von Kunst und Leben« zu überwinden. Von nun an sollten alle Künstler eine Zeit lang in den Fabriken arbeiten, um den Arbeiter und den sozialistischen Arbeitsalltag kennenzulernen. Allerdings waren nur wenige Künstler geneigt, dem Programm des *Bitterfelder Weges* entsprechend längere Zeit in der Produktion zu arbeiten.

Kunst & Kultur

25 Welches war die höchste Auszeichnung, mit der die von Bernhard Grzimek und seinem Sohn Michael gedrehte Dokumentation *Serengeti darf nicht sterben* geehrt wurde?

Goldene Palme

Oscar

Filmband in Gold

Goldener Löwe

26 Wen würdigte Thomas Mann bei Jubiläumsfeierlichkeiten im Mai 1955 in Weimar und Stuttgart?

Johann Wolfgang von Goethe

Friedrich Schiller

Gottfried Herder

Friedrich Nietzsche

27 Wie hieß der Künstler, dessen Collage mit dem Titel *Just What Is It That Makes Today's Home So Different, So Appealing?* als eines der frühesten und einflussreichsten Werke der Pop-Art gilt?

Roy Lichtenstein

Andy Warhol

Richard Hamilton

David Hockney

28 Wie heißt das Buch von Ludwig Erhard, das 1957 auf den Markt kam?

Der Wohlstand der Nationen

Die soziale Marktwirtschaft

Wohlstand für alle

Die allgemeine Theorie der Beschäftigung, des Zinses und des Geldes

25 Der 1959 erschienene Film, der die Anfänge des Serengeti-Nationalparks in Tansania schildert und mit beeindruckenden Bildern auf die langsame Zerstörung eines der letzten afrikanischen Tierparadiese aufmerksam macht, bescherte Bernhard Grzimek als erstem Deutschen nach dem Zweiten Weltkrieg einen Oscar für den besten Dokumentarfilm. Der Preis, den er für diese Auszeichnung zahlte, war allerdings hoch: Während der Dreharbeiten prallte ein Geier gegen die Tragflächen der Maschine, die sein Sohn Michael flog. Michael verlor die Kontrolle über das Flugzeug und verunglückte tödlich. 1978 heiratete Grzimek die Witwe seines Sohnes.

26 Der aus seinem amerikanischen Exil 1952 in die Schweiz und also nach Europa zurückgekehrte Thomas Mann wollte wie schon bei den Jubiläumsfeierlichkeiten zu Goethes 200. Geburtstag 1949 weder sich noch den Jubilar von einem Teil Deutschlands vereinnahmen lassen. Folglich trat er sowohl hier wie dort auf. Waren es 1949 Frankfurt und Weimar, so reiste Mann zum 150. Todestag Schillers nach Weimar und Stuttgart, wo Schiller, der am 10. November 1759 im nahe gelegenen Marbach geboren worden war, ab 1773 die Militärakademie hatte besuchen müssen. Seine Rede *Versuch über Schiller* hielt Thomas Mann an beiden Orten.

27 Als Pop-Art bezeichnet man eine Kunstrichtung, die sich ab Mitte der 50er-Jahre unabhängig voneinander in England und den USA v. a. im Bereich der Malerei entwickelte. Sie entnahm ihre Motive der zeitgenössischen Alltagskultur, insbesondere der Konsumwelt, der Massenmedien und der Werbung. Während in Amerika Richard Lindner einer der Wegbereiter der Pop-Art war, gilt in England Richard Hamilton, der Schöpfer der genannten Collage, als Begründer der Bewegung, zu der später auch Roy Lichtenstein, Andy Warhol und David Hockney zählten.

28 Ludwig Erhard war von 1949 bis 1963 Bundesminister für Wirtschaft, und als solcher galt er als Vater des Wirtschaftswunders, da er die Grundlagen der bundesrepublikanischen Wirtschaftsordnung geschaffen hatte. In seinem Bestseller *Wohlstand für alle* stellte er seine Ideen über die Soziale Marktwirtschaft allgemeinverständlich vor. *Der Wohlstand der Nationen* ist ein Klassiker der Ökonomie von Adam Smith aus dem Jahr 1776, *Die allgemeine Theorie der Beschäftigung, des Zinses und des Geldes* veröffentlichte der Wirtschaftswissenschaftler John Maynard Keynes im Jahr 1936.

29 **Mit welchem Film gelang Brigitte Bardot in den 50er-Jahren der internationale Durchbruch?**

Doktor Ahoi!

Pariser Luft

… und ewig lockt das Weib

Mit den Waffen einer Frau

30 **Welcher prominente DDR-Schriftsteller überlebte in seiner Jugend einen literaturgeschichtlich inspirierten Selbstmordversuch?**

Bertolt Brecht

Johannes R. Becher

Stefan Heym

Franz Fühmann

31 **Wie hieß die legendäre Band, die zusammen mit Bill Haley weltberühmt wurde?**

His Saddlemen

The Dominos

His Comets

The Pretenders

32 **Welcher deutsche Verlag brachte nach dem Krieg die ersten Taschenbücher auf den Markt?**

Suhrkamp

dtv

Rowohlt

S. Fischer

29 Die seit den 90er-Jahren wegen zahlreicher rechtsradikaler Äußerungen zunehmend in Verruf geratene Schauspielerin begann ihre Karriere im Alter von 15 Jahren als Modell für die französische Modezeitschrift Elle. Kurz darauf lernte sie den späteren Regisseur Roger Vadim kennen, den sie 1952 heiratete und der ihre Karriere förderte. Obwohl sie selbst trotz mäßiger Kritiken für ihre Filme v. a. beim männlichen Publikum rasch beliebt war, gelang BB der internationale Durchbruch erst 1956 mit Vadims Regiedebüt *... und ewig lockt das Weib*.

30 Der spätere Dichter der DDR-Nationalhymne (*Auferstanden aus Ruinen...*), Johannes R. Becher, wurde am 22. Mai 1891 in München geboren. Am 17. April 1910 versuchte der Gymnasiast, den Selbstmord von Heinrich von Kleist am Berliner Wannsee 99 Jahre zuvor nachahmend, sich und seine Geliebte – die sieben Jahre ältere Zigarettenverkäuferin Fanny Fuß – ebendort ins Jenseits zu befördern. Er erschoss seine Geliebte wie Kleist weiland Henriette Vogel. Doch anders als Kleist schoss sich Becher selbst nicht in den Mund, weshalb er schwer verletzt überlebte. Belangt wurde der Epigone für den Mord an seiner Freundin nicht.

31 Bill Haley & His Comets feierten 1953 ihre ersten großen Erfolge in den USA, etwa mit dem Hit *Crazy man, crazy*, und die Comets wurden von einem Musikmagazin als »*One of the Best Small Instrumental Groups of 1953*« geehrt. 1954 kam dann der ganz große Durchbruch, erst *Shake Rattle & Roll* und dann *Rock Around the Clock* – der wohl erfolgreichste Rock-Song aller Zeiten. 1955 ging es mit *See you later Alligator* weiter. Die Band hatte sich Ende 1952 in His Comets umbenannt. Vorher hießen die Musiker, die bis dahin ein Cowboy-Image pflegten, His Saddlemen.

32 Der erste deutsche Verlag mit einer Taschenbuchreihe war der heute in Reinbek bei Hamburg ansässige Rowohlt Verlag. Aufgrund des Rohstoffmangels im Nachkriegsdeutschland kam Heinrich Maria Ledig-Rowohlt, der Sohn des Firmengründers Ernst Rowohlt, bereits 1946 auf die Idee, Bücher im Rotationsdruck auf Zeitungspapier herzustellen. Dies war die Geburtsstunde von Rowohlts-Rotations-Romanen, aus denen im Sommer 1950 die rororo-Taschenbücher hervorgingen. Andere Verlage, wie Suhrkamp, dtv und S. Fischer, griffen das erfolgreiche Konzept bald auf.

Kunst & Kultur

33 Welches Instrument beherrschte Helmut Zacharias teuflisch gut?

Klavier

Violine

Akkordeon

Mandoline

34 Welcher Autor erhielt 1957 den Literaturnobelpreis?

Samuel Beckett

Jean-Paul Sartre

Eugène Ionesco

Albert Camus

35 In welcher Stadt wurde Heinz Erhardt geboren?

Hamburg

Riga

Prag

Warschau

36 Wo spielt der größte Teil der Handlung des Romans *Die Blechtrommel* von Günter Grass?

Breslau

Danzig

Borlin

Düsseldorf

33 Der 2002 verstorbene Träger des Bundesverdienstkreuzes komponierte Zeit seines Lebens etwa 450 eigene Titel, bearbeitete und vertonte über 1400 weitere Stücke und verkaufte mehr als 14 Millionen Schallplatten. Berühmt wurde Zacharias durch sein virtuoses Geigenspiel, das ihm u. a. die Spitznamen »Zaubergeiger« und »Teufelsgeiger« eintrug. Seine größte Liebe galt zeitlebens dem Swingjazz. 1950 gewann er den Jazz-Poll des AFN Frankfurt und brachte zudem ein Studienbuch mit dem Titel *Die Jazz-Violine* heraus.

34 Der 1913 im algerischen Mondovi geborene Franzose Albert Camus erhielt 1957 den Nobelpreis für Literatur. Ausgezeichnet wurde er für sein umfangreiches erzählerisches, dramatisches, philosophisches und publizistisches Gesamtwerk. Camus, der mit der philosophischen Abhandlung *Der Mythos von Sisyphos* und dem Roman *Der Fremde* grundlegende Werke des Existenzialismus geschrieben hatte, zählte gemeinsam mit Jean-Paul Sartre zu den prominentesten Vertretern dieser philosophischen Strömung. Sartre lehnte 1964 den ihm verliehenen Nobelpreis ab, Beckett bekam seinen 1969.

35 »Erreicht den Hof mit Müh und Not, der Knabe lebt, das Pferd ist tot.« Parodien wie diese, die die weltbekannte Goethe-Ballade *Der Erlkönig* aufs Korn nimmt, aber auch humorvolle Wortspiele und heitere Unsinnsgedichte waren das Markenzeichen des seit den 50er-Jahren in zahlreichen Spielfilmen und TV-Sendungen auftretenden Komikers. Der 1909 als Sohn eines deutsch-baltischen Kapellmeisters in Riga geborene Erhardt wäre in seiner Jugend am liebsten Pianist geworden, wurde darin von seiner Familie, die lieber einen Kaufmann aus ihm gemacht hätte, allerdings nicht unterstützt.

36 Die Geschichte vom kleinwüchsigen Oskar Matzerath, der mit drei Jahren sein Wachstum einstellt und als hellsichtiger, bereits von Geburt an geistig voll entwickelter Mensch Zeuge des aufkommenden Nationalsozialismus und der Verführbarkeit der Kleinbürger wird, spielt in der Vorkriegs- und der Kriegszeit hauptsächlich in Danzig, heute Gdańsk, der Geburtsstadt des Autors. Die im letzten Buch des in drei Bücher gegliederten Romans erzählte Nachkriegshandlung, die in Volker Schlöndorffs späterer Verfilmung übrigens komplett fehlt, spielt in Düsseldorf.

Kunst & Kultur

37 Wie heißt das Alterswerk von Bertolt Brecht?

An die Nachgeborenen

Buckower Elegien

Doppelleben

Wanderungen durch die Mark Brandenburg

38 Welcher der folgenden Darsteller spielte nicht an der Seite von Grace Kelly in *Die oberen Zehntausend*, dem letzten Kinofilm der Diva vor ihrer Hochzeit mit Fürst Rainier III.?

Bing Crosby

Frank Sinatra

Dean Martin

Louis Armstrong

39 Welcher berühmte Politiker erhielt in den 50er-Jahren den Nobelpreis für Literatur?

George C. Marshall

Mahatma Ghandi

Charles de Gaulle

Winston Churchill

40 Welcher junge Mann, der später als Sänger bekannt wurde, spielte den Klaus Hager in Bernhard Wickis Film *Die Brücke?*

Peter Alexander

Volker Lechtenbrink

Reinhard Mey

Ralf Bendix

37 Bertolt Brecht schrieb den Gedichtzyklus *Buckower Elegien* im Sommer 1953 in seinem Wohnhaus in Buckow in der Märkischen Schweiz. Die Gedichte bieten neben Naturbildern auch Politisches, das die Ereignisse des 17. Juni 1953 und die Folgen für die DDR reflektiert. Am Tag des Arbeiteraufstands hatte er in einem Brief an die Staatsführung das harte Durchgreifen und den Einsatz der sowjetischen Truppen begrüßt. Dies sah er später anders. *An die Nachgeborenen* ist ein Brecht-Gedicht von 1936, *Doppelleben* ist von Benn und die *Wanderungen* sind von Fontane.

38 *Die oberen Zehntausend*, Grace Kellys letzter Spielfilm vor ihrer Hochzeit mit Fürst Rainier III. am 19. April 1956 ist ein musikalisches Remake des Broadwaystücks *The Philadelphia Story*, das George Cukor bereits 1940 mit Katharine Hepburn, Carry Grant und James Steward in den Hauptrollen verfilmt hatte (dt. Titel: *Die Nacht vor der Hochzeit*). *Die oberen Zehntausend* ragt v. a. wegen der von Cole Porter komponierten Musikeinlagen und der hochkarätigen Starbesetzung heraus, zu der Bing Crosby, Frank Sinatra und Louis Armstrong gehörten, nicht jedoch Dean Martin.

39 Nach der Begründung des Nobelkomitees waren es »seine Meisterschaft in der historischen und biographischen Darstellung sowie (…) die glänzende Redekunst, mit welcher er als Verteidiger von höchsten menschlichen Werten hervortritt«, die dem damals amtierenden Premierminister von Großbritannien, Winston Churchill, 1953 den Literaturnobelpreis bescherten. Der Politiker war v. a. in den 30er-Jahren journalistisch und schriftstellerisch tätig gewesen und hatte eine umfangreiche Biografie seines Ahnherrn, dem Herzog von Marlborough, sowie die vierbändige *Geschichte der englischsprachigen Völker* verfasst.

40 Bernhard Wicki verfilmte 1959 den im Jahr zuvor veröffentlichten Roman *Die Brücke* von Manfred Gregor. Der auf den Erlebnissen des Schriftstellers basierende Roman und Antikriegsfilm erzählt von sieben Jugendlichen, die in den letzten Kriegstagen noch zur Wehrmacht eingezogen werden. Ihre falschen Ideale und der Missbrauch ihrer Jugend durch das indoktrinäre NS-Regime werden in dem mehrfach ausgezeichneten Werk auf erschütternde Weise vor Augen geführt. Den Jungen Klaus Hager spielte der spätere Musiker Volker Lechtenbrink.

41 **Mit welchen Worten lässt Max Frisch seinen 1954 erschienenen Roman beginnen?**

»Es war einmal eine Zeit, da hatten Götter in der Stadt gewohnt.«

»Zugegeben, ich bin Insasse einer Heil- und Pflegeanstalt.«

»Ich bin nicht Stiller.«

»Es war schon dunkel, als ich in Bonn ankam.«

42 **Wer spielte in der ersten Verfilmung des Thomas-Mann-Romans**
Die Bekenntnisse des Hochstaplers Felix Krull **die Titelrolle?**

Horst Buchholz

Hansjörg Felmy

Rudolf Prack

O. W. Fischer

43 **Von wem stammte der Entwurf zum Neubau des Mannheimer Nationaltheaters, der**
1953 den Architekturwettbewerb gewann, aber nie umgesetzt wurde?

Walter Gropius

Le Corbusier

Ludwig Mies van der Rohe

Henry van de Velde

44 **Welcher dem Publikum seit den 50er-Jahren vornehmlich als Komiker bekannte**
Schauspieler gab 1931 in dem berühmten Fritz-Lang-Film *M – Eine Stadt sucht einen*
Mörder **sein Leinwanddebüt als Gangster?**

Hans Moser

Loriot

Heinz Erhardt

Theo Lingen

41 Max Frischs Roman *Stiller*, in dem der Schweizer Autor anhand seines gleichnamigen Protagonisten die Identitätsproblematik thematisierte, hebt an mit der Verneinung: »Ich bin nicht Stiller.« Wolfgang Koeppens Roman *Der Tod in Rom* aus dem Jahr 1954 beginnt mit der Erinnerung an die Götter, die einst in Rom wohnten. *Die Blechtrommel* (1959) von Günter Grass beginnt mit Oskars Erklärung, uns seine Geschichte aus dem Gitterbett einer Heil- und Pflegeanstalt heraus zu erzählen. Der 1967 erschienene Roman von Heinrich Böll *Ansichten eines Clowns* beginnt auf dem Bonner Hauptbahnhof.

42 Bereits 1957 verfilmte Kurt Hoffmann den erst drei Jahre zuvor in seiner abschließenden Fassung erschienenen Roman, der von Mann zunächst als Parodie auf Goethes Autobiografie *Dichtung und Wahrheit* angelegt worden war und den Hochstapler humoristisch in die Nähe des Künstlers rückt. Anders als im unvollendet gebliebenen Roman wird der Hochstapler zum Ende der Filmhandlung moralisch korrekt enttarnt. Krulls Fall bedeutete indes den Aufstieg seines Darstellers Horst Buchholz, den die Hoffmann-Verfilmung international bekannt machte.

43 Das ursprüngliche Nationaltheatergebäude von 1777 wurde am 5. September 1943 während eines Bombenangriffs zerstört. Nach dem Krieg zog das Ensemble zunächst in ein Kinogebäude um, bis man Anfang der 50er-Jahre begann, einen Neubau zu planen. Den ersten Preis des 1953 ausgeschriebenen Architekturwettbewerbs gewann der in Aachen geborene und 1938 in die USA emigrierte Ludwig Mies van der Rohe. Ausgeführt wurde sein Bauplan – ein rundum verglaster, von einer Stahlkonstruktion gestützter Quader – allerdings nie. Den heutigen Bau, der 1957 fertiggestellt wurde, entwarf der Architekt Gerhard Weber.

44 Obwohl dem breiten Publikum Franz Theodor Schmitz unter dem Künstlernamen Theo Lingen vornehmlich als Mime heiterer Rollen in Erinnerung sein wird, trat der in Hannover geborene Film- und Bühnenschauspieler durchaus auch als ernsthafter Darsteller auf. So spielte er neben seiner Rolle als Gangster z. B. auch in frühen Stücken Bertolt Brechts – dessen erste Frau, Marianne Zoff, er nach deren Scheidung von Brecht übrigens selbst ehelichte – und war überdies mehrfach in klassischen Stücken auf der Bühne des Wiener Burgtheaters zu sehen.

45 **Wie hieß der letzte Hollywood-Film, den James Dean vor seinem Tod drehte?**
Jenseits von Eden
... denn sie wissen nicht, was sie tun?
Giganten
Die Hölle ist in mir

46 **Welcher Autor veröffentlichte ein erfolgreiches Werk mit dem Titel *Irisches Tagebuch*?**
Uwe Johnson
Ernst Jünger
Siegfried Lenz
Heinrich Böll

47 **Welcher der folgenden Filme zählt nicht zu den Klassikern des deutschen Heimatfilms
der 50er-Jahre?**
Schwarzwaldmädel
Heimat
Sissi
Die Landärztin

48 **Welche Tätigkeit bezeichnet der amerikanische Slangausdruck *Rock'n'Roll* , den DJ Alan
Freed 1952 als Bezeichnung für die neue Musikrichtung prägte, auch?**
wildes Tanzen
Geschlechtsverkehr
eine handfeste Prügelei
ein Saufgelage

45 Von den sieben Filmen, die Dean zwischen 1951 und seinem frühen Tod im Jahr 1955 drehte, war der letzte die gut dreistündige Südstaaten-Familienchronik *Giganten*. Dean mimt darin den zum Ölmagnaten aufsteigenden Arbeiter Jett Rink, der sich unglücklich in die Frau seines ehemaligen Arbeitgebers Bick Benedict verliebt. Bei Deans tragischem Autounfall am 30. September 1955 war die Produktion noch nicht vollständig abgeschlossen, sodass einige Szenen des damals gerade erst 24-Jährigen von einem anderen Schauspieler nachsynchronisiert werden mussten.

46 Der am 21. Dezember 1917 in Köln geborene Schriftsteller Heinrich Böll machte sich nach dem Krieg schnell mit Erzählungen und Romanen über Kriegsheimkehrer, die unmittelbare Nachkriegszeit und die angeprangerte Verdrängung und Verlogenheit in der blühenden Wirtschaftswunderzeit einen Namen. In dem 1957 entstandenen *Irischen Tagebuch* porträtiert Böll Land und Leute in 18 Kurzgeschichten auf so liebenswürdige, humorvolle und zugleich melancholische Weise, dass man sich keine bessere Werbung für das damals extrem arme Land denken konnte.

47 Das Genre des Heimatfilms, das sich durch die Darstellung einer idealen, moralisch intakten Gesellschaft vor dem Hintergrund unberührter Landschaften und regionaler Traditionen verschiedener ländlicher Gebiete Deutschlands auszeichnet, erreichte in den 50er-Jahren eine Blütezeit. Heinrich Deppes *Schwarzwaldmädel* zählt zu einem der erfolgreichsten Filme des Genres, ebenso wie die *Sissi*-Filme und *Die Landärztin* von 1958. Edgar Reitz' *Heimat*-Trilogie (1980–2004) hingegen zählt zum Genre des Neuen Heimatfilms, der sich nicht um eine idealisierte, sondern eine realitätsnahe Darstellung der gezeigten Verhältnisse bemüht.

48 Bereits lange vor den 50er-Jahren verwendeten vornehmlich schwarze Amerikaner den Begriff *Rock'n'Roll* als euphemistischen Ausdruck für Sex. Alan Freed popularisierte ihn als Namen für den damals neuen Musikstil in einer seiner Radiosendungen, die er auch mit der Einspielung der Zeile »*Rock, rock, rock everybody, Roll, roll, roll everybody*« aus dem Bill-Haley-Song *Rock-a-Beatin-Boogie* einleitete. Allerdings wurde der Begriff Rock'n'Roll auch schon früher in der Popmusik verwendet, etwa von den Boswell Sisters als Titel ihres Songs *Rock and Roll* von 1934.

Kunst & Kultur

49 Wer war Harry Lime?
eine Bühnenfigur
ein Filmproduzent
ein Schauspieler
ein Filmheld

50 Wer schrieb das Drehbuch zu dem 1957 erschienenen DEFA-Film *Die Hexen von Salem*?
Arthur Miller
Jean-Paul Sartre
Albert Camus
Ernest Hemingway

51 Wem wurde am 3. März 1955 die Ehrenbürgerschaft der Stadt Lübeck verliehen?
Willy Brandt
Thomas Mann
Günter Grass
Karl Jaspers

52 Wer führte Regie in so berühmten Hollywoodstreifen wie *Sabrina*, *Das verflixte 7. Jahr*, *Manche mögen's heiß* und *Zeugin der Anklage*?
Michael Curtiz
John Ford
Billy Wilder
David O. Selznick

49 Harry Lime ist die Titelfigur in dem von Graham Greene konzipierten Drehbuch zu Carol Reeds Film-Noir-Klassiker *Der dritte Mann,* der am 6. Januar 1950 in Deutschland Premiere hatte. Der Amerikaner Holly Martins kommt darin auf Einladung seines Freundes Lime ins besetzte Wien, wo er hört, dass sein Freund bei einem Verkehrsunfall zu Tode kam, nach und nach aber erkennen muss, dass der Unfall nur vorgetäuscht war und sein Freund ein skrupelloser Schwarzmarkthändler ist. Greene konzipierte die Geschichte zunächst übrigens als Erzählung, die 1950 auch im Druck erschien.

50 Das Drehbuch zu dieser ersten Verfilmung von Arthur Millers Bühnenstück *The Crucible* (dt. *Hexenjagd*) bearbeitete der französische Philosoph Jean-Paul Sartre. Der mit Schauspielern wie Yves Montand, Simone Signoret und Michel Piccoli hochkarätig besetzte Film feierte am 4. Oktober 1957 in Ostberlin Premiere. In den USA hatte man sich zuvor geweigert, das auf den Index gesetzte Stück des in einem der Kommunistenprozesse verurteilten Miller für die Leinwand zu adaptieren. Angesichts dessen nimmt es nicht Wunder, dass sich die DDR an der Verfilmung beteiligte.

51 Mit den gebürtigen Lübeckern Thomas Mann und Willy Brandt sowie dem nahe bei Lübeck wohnenden Günter Grass, dem in der altehrwürdigen Hansestadt – ebenso wie den beiden anderen Prominenten – ein Museum gewidmet ist, kann sich Lübeck dreier Nobelpreisträger rühmen. Thomas Mann hatte der Lübecker Kaufmannschaft in seinem Roman *Buddenbrooks* ein literarisches Denkmal gesetzt – wofür er jedoch in seiner Heimatstadt zunächst mehr gehasst als geliebt wurde. Die Verleihung der Ehrenbürgerschaft im Jahr 1955 war ein spätes Zeichen des Respekts und der Aussöhnung. Brandt wurde diese Ehre später auch zuteil.

52 Der 1906 in Österreich-Ungarn geborene Samuel »Billy« Wilder war es, der diese Klassiker des 50er-Jahre-Kinos auf die Leinwand brachte. Nach der Machtergreifung der Nationalsozialisten floh der Sohn jüdischer Eltern, der bereits als Journalist und Drehbuchautor gearbeitet hatte, über Paris in die USA. Dort schrieb er u. a. das Drehbuch zu *Ninotschka* (1939), dem letzten Kassenhit der Garbo, bevor er 1942 bei *Der Major und das Mädchen* zum ersten Mal Regie führen durfte. Ab den 50er-Jahren produzierte Wilder seine Filme auch in der Hauptsache selbst.

Kunst & Kultur

53 Welche heute noch bekannte Schauspielerin wurde seinerzeit mit dem Kinofilm *Rosen-Resli* zum Kinderstar?

Karin Dor

Liselotte Pulver

Christine Kaufmann

Cornelia Froboess

54 Wer spielte in der Verfilmung von *Des Teufels General* den Fliegergeneral Harras?

Curd Jürgens

Hans Albers

Gert Fröbe

Beppo Brem

55 Welchen Literaturpreis erhielt Günter Eich 1950?

Georg-Büchner-Preis

Alfred-Döblin-Preis

Preis der Gruppe 47

Friedenspreis des Deutschen Buchhandels

56 Wer schrieb das Drehbuch zu dem Spielfilm *Canaris*, der 1955 bei den Berliner Filmfestspielen mehrfach ausgezeichnet wurde?

Wolfgang Rademann

Herbert Reinecker

Walter Ulbrich

Herbert Lichtenfeld

53 Titelheldin der 1954 verfilmten Erzählung von Johanna Spyri war die damals gerade 9-jährige Christine Maria Kaufmann. In den darauf folgenden Jahren rührte die 1945 in Grobming in der Steiermark geborene Schauspielerin die Kinozuschauer noch in ähnlich volkstümlichen Filmen wie *Ein Herz schlägt für Erika* und *Die singenden Engel von Tirol* zu Tränen, bis sie 1961 an der Seite von Kirk Douglas in *Stadt ohne Mitleid* auch international erfolgreich wurde und den Schritt vom Kinderstar zur seriösen Schauspielerin vollzog.

54 Die Verfilmung des 1945 von Carl Zuckmayer geschriebenen Theaterstücks *Des Teufels General* wurde am 23. Februar 1955 in München uraufgeführt. Die Geschichte des Luftwaffengenerals Harras, der sich von den Nazis einspannen lässt, weil er so seiner Flugleidenschaft frönen kann, und zu spät erkennt, worin er sich durch sein Mitmachen verstrickt hat und dann den Freitod als einzigen Ausweg wählt, basiert teils auf den Erlebnissen des legendären Piloten Ernst Udet, der mit Zuckmayer befreundet war. Curd Jürgens spielte die Hauptrolle, Beppo Brem wirkte in einer Nebenrolle mit.

55 Günter Eich wurde 1907 im brandenburgischen Lebus geboren. Beispielhaft für die frühe Nachkriegslyrik sind seine Gedichte aus der Sammlung *Abgelegene Gehöfte* von 1948, seine literarischen Hörspiele hatten einen großen Einfluss auf die Entwicklung dieser Kunstform in den 50er- und 60er-Jahren. Eich war Mitbegründer der Gruppe 47, deren 1950 erstmals gestifteten Literaturpreis er für *Abgelegene Gehöfte* erhielt. Nach ihm wurde der Preis Heinrich Böll und Ilse Aichinger verliehen, die Eich übrigens 1953 heiratete. Den Büchner-Preis bekam Eich 1959.

56 Die filmische Darstellung der letzten Jahre von NS-Abwehrchef Wilhelm Canaris, der einige Widerstandskämpfer deckte und im Zusammenhang mit dem Hitler-Attentat vom 20. Juli 1944 festgenommen und noch einen Monat vor Kriegsende erhängt wurde, erhielt begeisterten Zuspruch. Die Hauptrolle spielte O. E. Hasse, in einer Nebenrolle glänzte Curd Jürgens. Das Drehbuch schrieb der 1914 geborene Herbert Reinecker, der sich u. a. auch 1956 mit *Der Stern von Afrika* große Meriten erwarb. In die deutsche Fernsehgeschichte eingeschrieben hat er sich mit den Drehbüchern zu den Serien *Der Kommissar* (1969–1976) und *Derrick* (1974–1998).

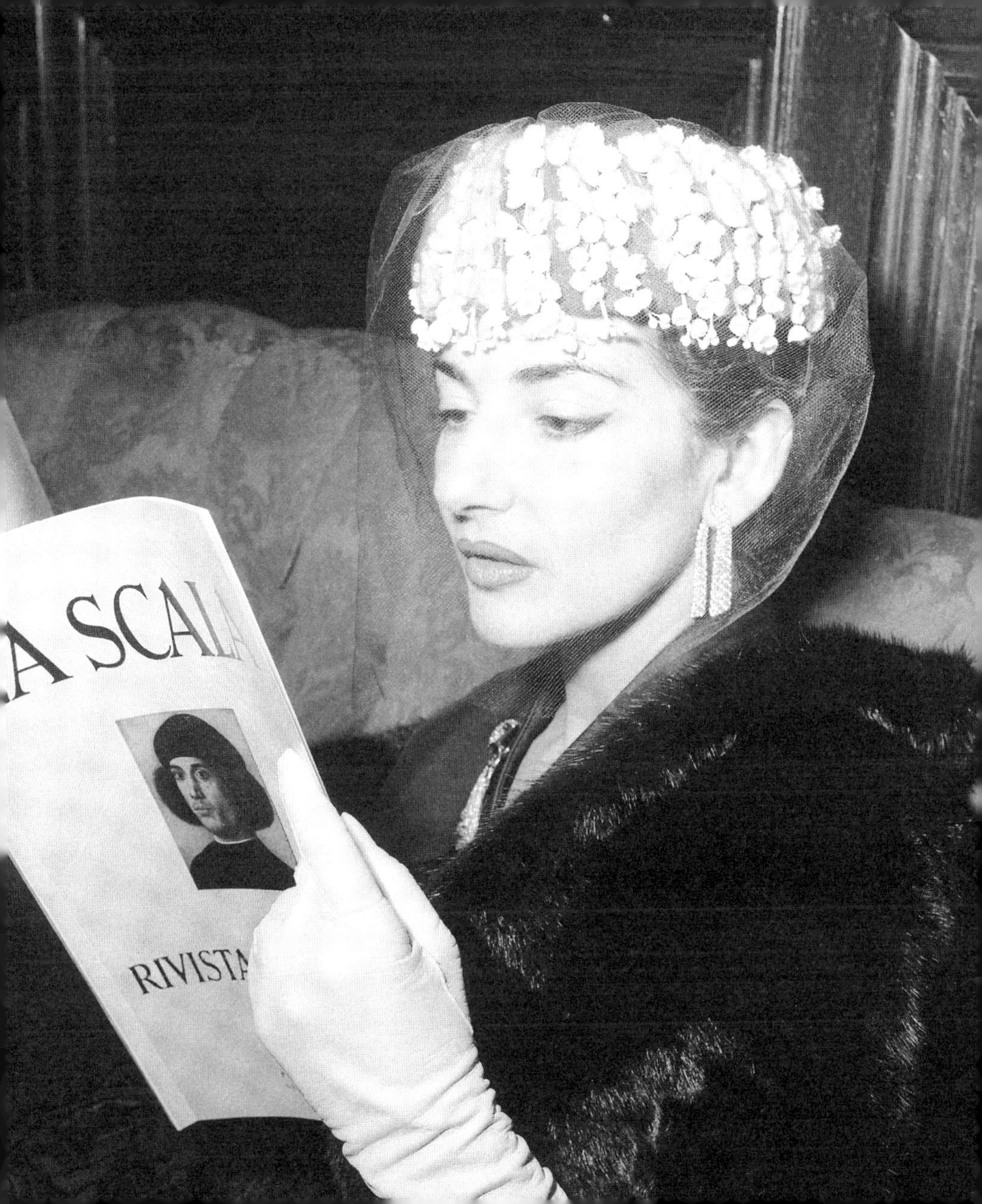
A SCAL
RIVISTA

OLYMPIC GAMES

MELBOURNE

22 NOV – 8 DEC

1956

Sport in den 50ern

... das war ein Sonntag Anfang Juli 1954, als wir – bis eben noch von allen internationalen Sportveranstaltungen ausgeschlossen – unverhofft Weltmeister wurden. Und auch sonst schnitten die deutschen Sportler nicht schlecht ab, ob im Boxring, in den Silberpfeilen auf der Rennstrecke oder im Sattel von Pferden, die teils wahre Wunder vollbringen konnten. Das Fernsehen revolutionierte den Sport, so auch die Olympischen Spiele, denn neben den TV-Zuschauern kamen auch die Reporter in den Genuss, mehr zu sehen und zu wissen, als ihr aktueller Standort gerade erlaubte. Im Osten und im Westen Deutschlands wurde Sport getrieben, doch auch wenn man sich sonst mied, bei den Olympischen Spielen trat man noch gemeinsam an. Es gab damals viele Helden des Sports, aber es gab nur einen jungen brasilianischen Kicker der Fußball spielte wie keiner vor ihm, der ein Nationalheld wurde und bis heute für viele ein Vorbild ist – nicht nur ein sportliches.

1   **Wodurch machte der Boxer Peter Müller bei einem Titelkampf im Juni 1952 Schlagzeilen?**
Er stürzte und fiel ins Koma.
Er schlug den Ringrichter k. o.
Er war mit Hustensaft gedopt.
Er gab in der ersten Runde auf.

2   **Wer war der Gegner der bundesdeutschen Fußballnationalmannschaft im ersten Länderspiel seit dem Zweiten Weltkrieg?**
Österreich
Schweiz
Belgien
Italien

3   **Wo fanden die Olympischen Sommerspiele 1952 statt?**
London
Helsinki
Stockholm
Melbourne

4   **Wo fand im Juni 1955 ein Autorennen statt, bei dem 84 Menschen zu Tode kamen?**
Indianapolis
Nürburgring
Le Mans
Monza

1 Der gebürtige Kölner Peter Müller war seit 1947 als Profi im Boxsport aktiv und zählte zu den erfolgreichsten deutschen Boxern nach dem Krieg. Seiner geduckten Haltung beim Kampf und seinem heiteren Wesen verdankte Peter Müller seinen Spitznamen »de Aap« – auf Hochdeutsch: der Affe. 1952 ließ sich der dreimalige Mittelgewichtsmeister bei seinem Titelkampf um die deutsche Meisterschaft in Köln dazu hinreißen, den Ringrichter mit einem rechten Haken niederzustrecken, weil er mit dessen Entscheidungen nicht einverstanden war.

2 Wie bereits beim ersten Länderspiel einer deutschen Fußball-Nationalmannschaft im Jahr 1908 und beim ersten Länderspiel nach dem Ersten Weltkrieg war auch nach dem Zweiten Weltkrieg die Schweiz der Gegner der deutschen Mannschaft. 1908 gewann die Schweiz in Basel 5:3, 1920 in Zürich 4:1. Auf heimischem Boden, im Stuttgarter Neckarstadion, gelang es den deutschen Kickern endlich am 22. November 1950 vor 73 000 Zuschauern, die Eidgenossen mit 1:0 zu bezwingen. Den Siegtreffer erzielte Herbert Burdenski per Elfmeter. Sein vier Tage danach geborener Sohn Dieter machte später als Bundesligatorwart Karriere.

3 Nachdem die Olympischen Winterspiele 1952 im norwegischen Oslo stattgefunden hatten, wurden die darauf folgenden Sommerspiele in der finnischen Hauptstadt Helsinki ausgetragen. In Oslo und Helsinki waren zum ersten Mal seit dem Zweiten Weltkrieg wieder deutsche Sportler bei einer Olympiade am Start. Die Teilnahme an den Spielen 1948 in London war ihnen nicht gestattet worden. Allerdings stammten 1952 alle deutschen Olympiateilnehmer aus der BRD, ostdeutsche Sportler waren nicht zugelassen worden, weil das Internationale Olympische Komitee das Nationale Olympische Komitee der DDR nicht anerkannte.

4 Am 11. Juni 1955 ereignete sich beim 24-Stunden-Rennen in Le Mans die größte Katastrophe in der Geschichte des Motorsports. Der Brite Mike Hawthorn schnitt seinen Konkurrenten Lance Macklin derart halsbrecherisch, dass dieser ausweichen musste und mit dem Wagen des nachfolgenden Pierre Levegh kollidierte. Dieser flog daraufhin als explodierende Bombe in die Zuschauermenge und riss 83 Menschen mit sich in den Tod; 200 weitere wurden schwer verletzt. Das Rennen wurde unverständlicherweise nicht abgebrochen – der Gewinner, der am nächsten Tag selig lächelnd auf dem Siegertreppchen stand, hieß Mike Hawthorn.

Sport

5 **Worüber stürzte der Träger der olympischen Fackel, als er bei der Eröffnungsfeier zu den Winterspielen 1956 ins Eisstadion einlief?**
einen Hund
einen Reporter
ein Fernsehkabel
einen Bodenscheinwerfer

6 **Unter welchem Namen kannte man den Fußballverein aus Jena noch nicht, bevor er 1966 als FC Carl Zeiss Jena neu gegründet wurde?**
SG Stadion Jena
BSG Mechanik Jena
SC Motor Jena
FC Lokomotive Jena

7 **Wer war der erfolgreichste Rennfahrer in den 50er-Jahren?**
Enzo Ferrari
Rudolf Caracciola
Juan Manuel Fangio
Wolfgang Graf Berghe von Trips

8 **Welchen Namen trug das auch ehrfurchtsvoll als »Wunderstute« bezeichnete Pferd, mit dem Hans Günter Winkler seine größten Erfolge feierte?**
Ferdl
Halla
Sissi
Meteor

5 Das erste sportliche Großereignis, das vom Fernsehen übertragen wurde, waren die Olympischen Winterspiele 1956 im italienischen Cortina d'Ampezzo. In diesem Zusammenhang ereignete sich so manche Panne, die vorher unmöglich gewesen war. Die wohl legendärste unterlief dem Eisschnellläufer Guido Caroli, der als Letzter in der Staffel der Fackelträger die Flamme ins Eisstadion trug, um das olympische Feuer zu entzünden: Er stürzte über ein Fernsehkabel.

6 Der FC Carl Zeiss Jena hat eine bewegte Geschichte hinter sich. 1903 war er zunächst als reine Werksmannschaft gegründet worden. 1917 wurde aus dem Fußballclub der Sportverein 1. SV Jena. Nach dem Zweiten Weltkrieg wurde dieser unter dem Namen SG Ernst-Abbe Jena 1946 wieder ins Leben gerufen, doch schon zwei Jahre später wurde er in SG Stadion Jena umbenannt. Dann folgten die Zeiten der Betriebssportgemeinschaft (BSG): 1949 Gründung BSG Carl Zeiss Jena, Januar 1951 Umbenennung in BSG Mechanik Jena, Mai 1951 Eingliederung in die BSG Motor Jena; im November 1954 dann Gründung des SC Motor Jena.

7 Der 1911 geborene Argentinier Juan Manuel Fangio zählt noch heute zu den erfolgreichsten Autorennfahrern aller Zeiten. Dass er von 51 Grand-Prix-Rennen 24 als Sieger beendete, ist bezüglich der Erfolgsquote eine bis heute unerreichte Leistung. Fangio wurde überdies fünfmal Formel-1-Weltmeister – 1951, 1954, 1955, 1956, 1957. Diesen Rekord konnte erst Michael Schumacher 2003 mit seinem sechsten WM-Titel von insgesamt sieben übertreffen. Fangio fuhr für Alfa Romeo, Maserati, Mercedes-Benz und Ferrari. Er starb am 17. Juli 1995 in Buenos Aires.

8 Im Sattel seiner Stute Halla wurde Winkler 1954 und 1955 Weltmeister und 1958 Europameister, außerdem gewann er mehrere olympische Goldmedaillen. Ihren Ruhm verdankt Halla ihrer sagenhaften Leistung bei den Olympischen Spielen 1956. Bereits im ersten Durchgang hatte sich Winkler einen Muskelriss zugezogen, und Halla hatte den sich nur noch mühsam auf dem Pferd haltenden Springreiter über die Hindernisse ins Ziel getragen. Anschließend wurde Winkler derart mit Schmerz- und Betäubungsmitteln behandelt, dass er beim zweiten Durchgang kaum in der Lage war, sich im Sattel zu halten und das Pferd zu führen. Die dennoch fehlerfreie Leistung – und damit die Goldmedaille – ging auf Hallas Konto, die seitdem »Wunderstute« genannt wurde.

Sport

9 **Mit welcher Sportart ist Bandy verwandt?**

Judo

Billard

Eishockey

Kegeln

10 **Wo fand das Endspiel um die Deutsche Fußballmeisterschaft 1959 zwischen Eintracht Frankfurt und Kickers Offenbach statt?**

Bonn

Frankfurt

Offenbach

Berlin

11 **Im wievielten Kampf seiner Profikarriere wurde Bubi Scholz zum ersten Mal geschlagen?**

im 25.

im 48.

im 70.

im 101.

12 **Womit überraschten japanische Tischtennisspieler in den 50er-Jahren ihre Gegner?**

mit einer neuen Schlägerhaltung

mit einheitlichen Frisuren

mit lichtreflektierenden Trikots

mit durch Kampfgeheul begleiteten Aufschlägen

9 Bandy ist ein sehr alter Sport, der dem Eishockey ziemlich verwandt ist, denn es wird mit Schlittschuhen auf Eis und mit gebogenen Schlägern gespielt, doch statt eines Pucks wird ein Korkkernball von sieben Zentimetern Durchmesser verwendet. Das Spielfeld ist so groß wie ein Fußballplatz, jede Mannschaft hat elf Spieler und spielt zweimal 45 Minuten auf Tore, die deutlich größer sind als jene beim Eishockey und hinter denen nicht weitergespielt werden darf. Bei den Olympischen Winterspielen in Oslo 1952 wurde Bandy als Demonstrationssportart vorgestellt. Seit 1957 werden Bandy-Weltmeisterschaften ausgetragen.

10 Im Berliner Olympiastadion standen sich am 28. Juni 1959 mit Eintracht Frankfurt und Kickers Offenbach zwei hessische Lokalrivalen gegenüber. Nach spannenden 90 Minuten stand es 2:2, die Frankfurter konnten das Spiel in der Verlängerung schließlich mit 5:3 für sich entscheiden. Zwischen 1951 und 1963 wurde der Deutsche Fußballmeister am Saisonende ermittelt. In einer Vorrunde, an der die Meister der fünf regionalen Oberligen sowie drei durch Qualifikationsspiele zu ermittelnde Vizemeister teilnahmen, wurden in zwei Vierergruppen Hin- und Rückspiele ausgetragen. Die beiden Sieger entschieden die Meisterschaft im Spiel gegeneinander.

11 Es war sein 70. Kampf als Profiboxer, in dem Gustav »Bubi« Scholz Anfang 1958 von dem amtierenden Mittelgewichtseuropameister Charles Humez seine erste Niederlage – nach Punkten – einstecken musste. Scholz revanchierte sich beim erneuten Aufeinandertreffen mit dem Franzosen am 4. Oktober 1958 im Berliner Olympiastadion. 30000 begeisterte Zuschauer feierten den Deutschen, der so überragend kämpfte, dass Humez schließlich in der zwölften Runde aufgab. Scholz war zum ersten Mal Europameister; bis 1961 gab er den Titel nicht mehr ab.

12 Mit dem Japaner Sato wurde 1952 erstmals ein Asiate Tischtennisweltmeister. Er überraschte seine Gegner damals mit einer neuartigen Weise, den Schläger zu halten, dem sogenannten Penholdergriff, bei dem der Schläger wie ein Bleistift zwischen Zeigefinger und Daumen gehalten wird. Die bisherige Schlägerhaltung war der Shakehandgriff gewesen. Anfangs hatten die mit der neuen Technik gehaltenen Schläger nur auf einer Seite einen Belag, für die Rückhand wurde die Hand um 180° gedreht. Inzwischen beherrschen die asiatischen Spitzenspieler auch ein offensives Rückhandspiel.

Sport

13 **Für welche Vereinsmannschaft spielte Fritz Walter ausschließlich?**

Borussia Mönchengladbach

1. FC Nürnberg

VfB Stuttgart

1. FC Kaiserslautern

14 **Woher stammte das Team, das 1952 zum ersten und einzigen Mal an Olympischen Spielen teilnahm?**

Berlin

Elsass-Lothringen

Saarland

Süd-Tirol

15 **Welcher Spieler des 1. FC Köln führte die Mannschaft bis 1952 als Spielertrainer?**

Franz Kremer

Hans Schäfer

Sepp Herberger

Hennes Weisweiler

16 **Wie lautete der offizielle Name des spöttisch auch als »Tour de France des Ostens« bezeichneten Radrennens?**

Fahrt durch die sozialistischen Bruderstaaten

Internationale Friedensfahrt

Weltjugendfahrt

Mitteleuropäische Radrundfahrt

13 Der 1920 in Kaiserslautern geborene Fritz Walter wuchs in der Welt des Fußballs auf: Sein Vater war der Wirt der Vereinsgaststätte des 1. FCK. Als Achtjähriger spielte Walter in der Schülermannschaft des Clubs, zehn Jahre später stürmte er in der ersten. 1941 holte ihn Sepp Herberger zum ersten Mal in die Nationalmannschaft – Walter dankte es ihm mit drei Treffern. Als Kapitän der Nationalmannschaft wurde Walter zusammen mit seinem Bruder Ottmar 1954 Weltmeister. Seine aktive Laufbahn beendete der allseits beliebte, immer bescheiden gebliebene Star 1959. Das Stadion auf dem Betzenberg in Kaiserslautern wurde zu Ehren des berühmtesten Spielers, den der Verein je hatte, 1985 in Fritz-Walter-Stadion umbenannt.

14 1952 durfte zwar Deutschland zum ersten Mal nach dem Zweiten Weltkrieg wieder an Olympischen Spielen teilnehmen, doch beschränkte sich das nur auf Westdeutschland, DDR-Athleten waren nicht dabei. Stattdessen nahmen neben den 205 Sportlern aus der BRD auch 36 Athleten aus dem Saarland als eigene Mannschaft teil. Das Saarland stand als autonome Region seinerzeit immer noch unter französischem Protektorat. Die Saarländer errangen jedoch keine Medaillen.

15 Der 1. FC Köln wurde am 13. Februar 1948 gegründet. Der ersten Mannschaft, die jemals im FC-Trikot auflief, gehörte auch Hennes Weisweiler an. Vom Sommer 1948 bis zum Saisonende 1952 wirkte Weisweiler in der Doppelfunktion eines Spielertrainers für seinen Verein. Er trainierte die Kölner noch einmal in den 50er- und später in den 70er-Jahren, als er mit ihnen ihre größten Erfolge feierte. Franz Kremer war von 1948 bis 1967 Präsident des 1. FC Köln, Hans Schäfer war der erste große Star des Vereins, dem er von 1948 bis 1965 treu blieb.

16 Als Konkurrenzveranstaltung zur Tour de France wurde von 1948 bis zum Kollaps der sozialistischen Staaten Osteuropas die Internationale Friedensfahrt ausgetragen, die zunächst die polnische Hauptstadt Warschau mit der tschechoslowakischen Kapitale Prag verband. 1952 führte das Amateurrennen die Fahrer auch nach Ostberlin. Von da an war die Hauptstadt der DDR die dritte konstante Station des Rennens, das in stetig variierender Streckenführung die drei Ostmetropolen miteinander verknüpfte. Auch West-Amateure nahmen daran teil.

Sport

17 Welcher Sportart widmete sich Stirling Moss?

Kurzstreckenlauf

Zehnkampf

Fußball

Autorennen

18 Wie viele Tore fielen insgesamt bei den drei Spielen mit deutscher Beteiligung in der Vorrunde der Fußballweltmeisterschaft 1954?

13

19

22

25

19 Welcher Ort ist keine Station auf der Vierschanzentournee?

Innsbruck

Bischofshofen

Oberstdorf

Berchtesgarden

20 Welcher Skirennfahrer gewann bei den Olympischen Winterspielen 1956 sämtliche Goldmedaillen in den drei alpinen Disziplinen?

Zeno Coló

Toni Sailer

Franz Klammer

Ernst Hinterseer

17 Der 1929 in London geborene Stirling Moss stammte aus einer geradezu vom Motorsport besessenen Familie – nicht nur sein Vater, auch seine Mutter und seine Schwester waren im Rennsport aktiv. Kein Wunder, dass die familiäre Veranlagung auch bei Stirling zum Tragen kam. Der brillante Rennfahrer war vermutlich der beste Formel-1-Pilot, der nie Weltmeister wurde. Als der sehr patriotisch eingestellte Moss endlich darauf verzichtete, nur britische Wagen zu fahren, saß er den Besten der Besten unablässig im Nacken. Von 1955 bis 1958 wurde er Vizeweltmeister und von 1959 bis 1961 WM-Dritter.

18 Es fielen sage und schreibe 25 Tore. Die deutsche Nationalmannschaft gewann zunächst 4:1 gegen die Türkei. In ihrem zweiten Vorrundenspiel unterlag sie erwartungsgemäß gegen die Ungarn, die als Favoriten auf den WM-Titel gehandelt wurden – das Ergebnis: 3:8. Jede Mannschaft der Vierergruppe hatte eigentlich nur zwei Partien zu bestreiten. Da die Türken Südkorea besiegt hatten, musste durch ein Entscheidungsspiel zwischen Deutschland und der Türkei der Gruppenzweite, der nach den unbesiegten Ungarn ins Viertelfinale einziehen durfte, ermittelt werden. Diese Partie endete 7:2 für die Deutschen.

19 Das Skispringen von der Großen Olympiaschanze in Garmisch-Partenkirchen eröffnete am 1. Januar 1953 die erste Vierschanzentournee. Die weiteren Stationen waren Oberstdorf, Innsbruck und Bischofshofen. Bei der zweiten Vierschanzentournee stand die bis heute gültige Reihenfolge fest: Auftakt noch im alten Jahr in Oberstdorf, Neujahrsspringen in Garmisch-Partenkirchen, gefolgt von Innsbruck und dem abschließenden Dreikönigsspringen in Bischofs-hofen. Berchtesgaden war zwar als Austragungsort im Gespräch, doch fiel die Wahl statt-dessen auf Oberstdorf.

20 Der am 17. November 1935 im österreichischen Kitzbühel geborene Toni Sailer war der wohl beste Skirennfahrer seiner Zeit. Über 170 Siege errang der Ausnahmesportler zwischen 1946 und 1958. Den Gipfel seines Erfolgs markierte zweifellos der Gewinn aller drei alpinen Diszipli-nen – Abfahrt, Slalom und Riesenslalom – bei den Olympischen Winterspielen 1956 im italieni-schen Cortina d'Ampezzo. Als der siebenfache Weltmeister seine Ski als aktiver Sportler an den Nagel hängte, konzentrierte er sich auf eine Karriere als Schauspieler und Schlagersänger.

Sport

21 Wie schnitt die bundesdeutsche Nationalmannschaft bei der Fußballweltmeisterschaft 1958 ab?

Vizeweltmeister

WM-Dritter

WM-Vierter

im Viertelfinale ausgeschieden

22 Wie heißt der Allroundtrainingsschuh, den der Sportartikelhersteller adidas 1950 auf den Markt brachte?

Universal

Samba

Basic

Top Fit

23 Welche Sportmannschaft verlor am 6. Februar 1958 mehrere ihrer Mitglieder infolge eines Flugzeugabsturzes?

die französische Reiterequipe

ein amerikanisches Baseballteam

eine englische Fußballmannschaft

eine venezolanische Schwimmstaffel

24 Wie hieß die DDR-Rennwagenschmiede, die ein Dresdner Fahrlehrer 1959 gründete?

MZ

Melkus

VEB Rennsport

Bitter

21 Die deutsche Nationalmannschaft war nach der Vorrunde mit einem Sieg über Argentinien sowie zwei Unentschieden gegen die Tschechoslowakei und Nordirland Gruppenerster. Dank eines 1:0-Siegs im Viertelfinale gegen Jugoslawien zogen die Deutschen ins Halbfinale ein. Dort unterlagen sie dem WM-Gastgeber Schweden mit 1:3 in einer von schwedischen Fans sehr aufgeheizten, feindseligen Atmosphäre nach einem umstrittenen Platzverweis. Das Spiel um den dritten Platz verlor Deutschland gegen Frankreich 3:6.

22 Mit dem Trainingsschuh Samba schuf adidas schon 1950 einen Klassiker. Der schwarze Schuh mit den weißen drei Streifen, die adidas im Jahr zuvor als Warenzeichen hatte eintragen lassen, ist bis heute ein Verkaufsschlager. Die 1949 im mittelfränkischen Herzogenaurach gegründete Firma hatte auch die Weltmeistermannschaft von 1954 ausgerüstet, der Chef Adolf »Adi« Dassler höchstpersönlich hatte den Spielern in Bern die Stollen unter die Schuhe geschraubt. Die Brüder Adolf und Rudolf Dassler gingen nach einem Streit getrennte Wege. Adi gründete adidas, Rudolf Puma – ebenfalls in Herzogenaurach.

23 Nach einem Europapokalspiel in Belgrad musste die Fußballmannschaft von Manchester United in München-Riem zwischenlanden. Nachdem ihre zweimotorige Chartermaschine neu betankt worden war, ließ dichtes Schneetreiben zwei Startversuche fehlschlagen, bevor der dritte in eine Katastrophe mündete: Das Flugzeug durchbrach die Umzäunung am Ende der Rollbahn, traf mit einem Flügel ein Haus, geriet in Brand und stürzte auseinanderbrechend zu Boden. 23 Menschen starben, darunter sieben Spieler von Manchester United. Schwerverletzt überlebten u. a. der Trainer Matt Bubsy und die britische Fußballlegende Bobby Charlton.

24 Heinz Melkus gründete 1955 eine private Fahrschule in Dresden und begann nebenbei, Sportwagen herzustellen. Die 1959 ins Leben gerufene Sport- und Rennwagenschmiede verwendete Wartburg-Motoren und Teile aus der Wartburg- und Trabantproduktion. Zunächst baute man dort Formel-3-Rennwagen in Kleinserien, später wurde mit dem Melkus RS1000 der einzige Rennsportwagen der DDR produziert – freilich nur 101 Exemplare. Die beiden Söhne von Werkstattgründer Melkus wurden erfolgreiche Rennfahrer. Tragischerweise verunglückte Ulli Melkus, der erfolgreichste DDR-Rennfahrer, 1990 tödlich.

25 **Woher stammten die beiden Tennisspieler, die 1951 als Erste den Grand Slam im Herren-Doppel gewannen?**

USA

Großbritannien

Australien

Tschechoslowakei

26 **Wer wurde 1950 Fußballweltmeister?**

Uruguay

Brasilien

Schweden

Spanien

27 **Welches zweite bedeutende sportliche Ereignis fiel auf den 4. Juli 1954, den Tag, an dem Deutschland Fußballweltmeister wurde?**

Doppelsieg der Silberpfeile bei ihrer Formel-1-Premiere

Deutschland wurde Handballweltmeister.

Max Schmeling wurde Sportler des Jahres.

Josef Neckermann wurde Weltmeister im Dressurreiten.

28 **Welcher Ausnahmeboxer unternahm am 27. September 1950 einen Comeback-Versuch, weil er sein Vermögen durchgebracht hatte und die Steuerfahndung hinter ihm her war?**

Max Schmeling

Rocky Marciano

Joe Louis

Jack Johnson

25 Unter Grand Slam versteht man im Tennis den Gewinn der vier bedeutendsten Turniere eines Kalenderjahres, wobei sich die Wichtigkeit eines Turniers aus dem Preisgeld ergibt – und seit Einführung der ATP-Weltrangliste 1973 auch aus den erreichbaren Weltranglistenpunkten. Die beiden Australier Frank Sedgman und Ken McGregor gewannen 1951 die Tennismeisterschaften von Australien in Melbourne, die French Open in Paris, Wimbledon und schließlich die US-Meisterschaften in Forest Hills. Beide sicherten Australien überdies den Davis-Cup-Sieg über die USA.

26 Als am 16. Juli 1950 die brasilianische Nationalmannschaft im mit fast 200 000 Zuschauern besetzten Maracana-Stadion in Rio de Janeiro gegen das Team aus Uruguay antrat, standen die Wetten 1000:1 für die Brasilianer, die die Gastgeber der vierten Fußball-WM waren. In diesem Jahr fand kein Finale statt, die beiden Mannschaften spielten um die Tabellenführung, die gleichzeitig den WM-Titel bedeutete. Die Brasilianer verloren gegen Uruguay 1:2 – mehrere Zuschauer erlitten einen Herzschlag, einer soll sogar Selbstmord begangen haben. Nach 1930 war Uruguay zum zweiten Mal Weltmeister, Schweden wurde Dritter, Spanien Vierter.

27 Wenige Momente bevor der deutschen Nationalmannschaft unter Trainer Sepp Herberger gegen die Ungarn das »Wunder von Bern« gelang, hatten die deutschen Silberpfeile von Mercedes einen triumphalen Auftritt beim Großen Preis von Frankreich in Reims. Mit dem neuen Silberpfeil W 196 wollten die Stuttgarter Autobauer an die großen Erfolge ihrer legendären Renner aus den 30ern anknüpfen. Und das gelang: Bei der Formel-1-Premiere errangen der Argentinier Juan Manuel Fangio und der Deutsche Karl Kling einen sensationellen Doppelsieg.

28 1949 war der Schwergewichtsweltmeister Joe Louis vom Boxsport zurückgetreten. Von seinen bislang 61 Kämpfen hatte er erst einen verloren – 1936 gegen Max Schmeling, wobei der »Braune Bomber« den Deutschen bei der Revanche 1938 in der ersten Runde besiegte. Wegen finanzieller Nöte überredete sein Management Louis dazu, sein Comeback mit einem Kampf um den Titel gegen den amtierenden Weltmeister Ezzard Charles anzutreten. Doch Louis verlor, wie auch 1951 gegen Rocky Marciano. Max Schmeling unterstützte Louis, der sein Freund war, finanziell und übernahm auch einen Teil der Kosten für dessen Heldenbegräbnis im April 1981.

Sport

29 Welches war das Markenzeichen von Laufwunder Emil Zátopek?

sein eleganter Laufstil

sein gequälter Gesichtsausdruck

Laufschuhe von unterschiedlicher Farbe: rechts weiß, links rot

Purzelbäume beim Zieleinlauf

30 Welches Team wurde in den 50er-Jahren am häufigsten DDR-Meister?

Dynamo Dresden

Turbine Erfurt

SC Wismut Karl-Marx-Stadt

ASK Vorwärts Berlin

31 Mit welchem Fahrzeug wurde Giuseppe Farina 1950 der erste Formel-1-Weltmeister?

Ferrari

Maserati

Alfa Romeo

Mercedes

32 Welcher berühmte Fußballer machte bei der WM 1958 erstmals die ganze Welt auf sich aufmerksam?

Bobby Charlton

Pelé

Uwe Seeler

Ferenc Puskás

29 Der Tscheche Emil Zátopek, der wegen seiner kreisenden Armbewegungen auch »Lokomotive von Prag« genannt wurde, holte bereits als 16-Jähriger bei den Olympischen Spielen in London 1948 Gold im 10 000-m-Lauf. Dass es der 18-fache Weltrekordgewinner bei der Olympiade 1952 auf drei Goldmedaillen brachte, grenzte allerdings an ein Wunder. Die 10 000 Meter gewann Zátopek erwartungsgemäß, in die Sportgeschichte ein gingen hingegen seine legendären Siege über 5000 Meter und im Marathon, den er nie zuvor in einem Wettbewerb gelaufen war. Wegen seines gequälten Gesichtsausdrucks und seiner heraushängenden Zunge wirkte Zátopek stets völlig erschöpft.

30 Dynamo Dresden gewann die DDR-Fußballmeisterschaft 1953, ASK Vorwärts Berlin holte sich den Titel 1959. Turbine Erfurt war für kurze Zeit der Name der Erfurter Fußballmannschaft, die als SC Erfurt begonnen hatte und schließlich zum FC Rot-Weiß Erfurt wurde; sie wurde 1954 und 1955 DDR-Meister. Am erfolgreichsten war in den 50er-Jahren allerdings das Team von SC Wismut Karl-Marx-Stadt, das in den Jahren 1956, 1957 und 1958 Meister wurde.

31 Nach der ersten Formel-1-Saison im Jahr 1950 stand der Italiener Giuseppe Farina als Weltmeister in der automobilen Königsklasse fest. Drei Grand-Prix-Siege in Silverstone, Bern und Monza sicherten dem fast 44-jährigen Alfa-Romeo-Piloten den Titel. Ebenfalls im Alfa-Romeo-Team waren der Formel-1-Vizeweltmeister Juan Manuel Fangio und der WM-Dritte Luigi Fagioli. Der Alfa-Fahrer Fangio wurde 1951 Weltmeister, 1952 und 1953 fuhr der Weltmeister Ferrari, 1954 Maserati und Mercedes, 1955 Mercedes und 1957 Maserati. Der Titel des Konstrukteursweltmeisters wurde zum ersten Mal 1958 vergeben – an Vanwall.

32 Der am 23. Oktober 1940 geborene Brasilianer Edson Arantes do Nascimento, von allen nur Pelé genannt, hatte gerade erst zehn Monate zuvor – im Alter von nur 16 Jahren – seine Fußballerkarriere beim FC Santos begonnen, als er auch schon in die brasilianische Nationalmannschaft berufen wurde, mit der er 1958 an der WM teilnahm. Mit sechs Treffern war er – gemeinsam mit Helmut Rahn – hinter dem Franzosen Just Fontaine, der ganze 13 Tore erzielt hatte, zweitbester Torschütze des Turniers. Pelé nahm an insgesamt vier Weltmeisterschaften teil und wurde dabei dreimal Weltmeister. 1999 wurde er zum Weltfußballer des Jahrhunderts gewählt.

Sport

33 Welche Urkunde kann man nicht bei den seit 1951 ausgerichteten Bundesjugendspielen
verliehen bekommen?
Siegerurkunde
Ehrenurkunde
Teilnehmerurkunde
Jugendbestenurkunde

34 Bei welchem Fußballverein stand der Bremer Bert Trautmann im Tor, der in seinem Gastland
1956 zum Spieler des Jahres gewählt wurde?
Manchester City
Olympic Marseille
Spartak Moskau
Juventus Turin

35 In welcher Sportart wurde die deutsche Nationalmannschaft im Juni 1952 zum zweiten
Mal Weltmeister?
Völkerball
Feldhandball
Eisstockschießen
Wasserball

36 Wie hieß der Weltmeistertorwart, den der legendäre Reporter Herbert Zimmermann als
»Teufelskerl« und »Fußballgott« feierte?
Heinrich Kwiatkowski
Jupp Posipal
Toni Turek
Werner Kohlmeyer

33 Seit 1951 werden unter der Schirmherrschaft des Bundespräsidenten einmal im Jahr an den Schulen des Landes die Bundesjugendspiele durchgeführt. Die Schüler absolvieren verschiedene sportliche Disziplinen, wobei die einzelnen Leistungen nach einem Punktsystem bewertet werden. Wird eine gewisse Mindestgesamtpunktzahl erreicht oder übertroffen, erhält der Schüler als Anerkennung seiner Leistung eine Siegerurkunde. Für besonders hohe Punktzahlen werden Ehrenurkunden verliehen. Eine Teilnehmerurkunde erhält jeder, der dabei war, ohne die Mindestpunktzahl zu erreichen.

34 Ein Erfolgsgeschichte der besonderen Art ist die des aus Bremen stammenden Bert Trautmann – dem vermutlich ersten deutschen Fußballlegionär. Als in England internierter Kriegsgefangener spielte Trautmann im POW-Camp 5.0. Der großgewachsene Torhüter spielte für wohltätige Zwecke mit seinem Team gegen englische Fußballvereine. Nach seiner Entlassung aus der Kriegsgefangenschaft engagierte ihn 1949 Manchester City. Mit diesem Verein wurde er 1959 englischer Cupsieger – kurz zuvor war er bereits zum Spieler des Jahres gewählt worden.

35 Bei der im Juni 1952 in Zürich stattfindenden Weltmeisterschaft im Feldhandball wurde mit der bundesdeutschen Nationalmannschaft nach 1938 zum zweiten Mal ein deutsches Team Weltmeister. 1948 hatte Schweden den Titel geholt, ansonsten gingen sieben von sechs Titeln bis 1966 an die den Sport dominierenden deutschen Teams – die DDR wurde 1963 Weltmeister. Gespielt wurde auf einem fußballfeldgroßen Platz. Ebenso wie beim Fußball besteht eine Mannschaft aus einem Torwart und zehn Feldspielern sowie zwei Auswechselspielern. Ab Mitte der 50er wurde Feldhandball zunehmend vom Hallenhandball verdrängt.

36 Der gebürtige Duisburger Anton Turek, genannt »Toni«, war mit 35 Jahren der Senior im deutschen Nationalteam, als er bei der WM 1954 als Nummer 1 das Tor hütete. Der brillante Keeper neigte mitunter zu leichtsinnigen Aktionen. Eines der beiden ungarischen Tore im Endspiel war ihm anzukreiden, umso mehr steigerte er seine Leistung und glänzte mit spektakulären Paraden, durch die Herbert Zimmermann zu seinem legendären Begeisterungsausbruch hingerissen wurde. Der Ersatztorwart Heinrich Kwiatkowski stand im Vorrundenspiel gegen Ungarn zwischen den Pfosten, das die Deutschen 3:8 verloren hatten.

Sport

37 **Welches Handicap hatte die überaus erfolgreiche Tennisspielerin Doris Hart?**
Gehbehinderung
Erblindung eines Auges
Taubheit
Zwergwuchs

38 **Wer wurde 1958 Fußballweltmeister?**
Brasilien
Schweden
Großbritannien
Italien

39 **In welcher Sportart holte mit Wolfgang Behrendt 1956 der erste DDR-Sportler eine olympische Goldmedaille?**
Schwimmen
Skispringen
Radfahren
Boxen

40 **Welcher Radrennfahrer kam wegen eines geplatzten Reifens bei einem Verfolgungsfahren nicht ins Ziel und wurde trotzdem zum Sieger erklärt?**
Rudi Altig
Gustav-Adolf Schur
Ferdi Kübler
Eddy Merckx

37 Am 20. Juni 1925 wurde Doris Hart in der amerikanischen Stadt St. Louis geboren. Infolge einer Kinderlähmung war ihr Bein deformiert, weshalb sie Zeit ihres Lebens unter einer Gehbehinderung litt. Dies äußerte sich zwar nicht derartig, dass die ab dem zehnten Lebensjahr Tennis spielende junge Frau über den Platz humpelte, doch konnte sie eben nicht richtig laufen. Diese Beeinträchtigung kompensierte sie durch ihre überlegene Technik. Ab 1949 gewann sie etliche Grand-Slam-Turniere, sowohl im Einzel als auch im Doppel und im Mixed. 1951 beendete sie das Turnier in Wimbledon in allen drei Disziplinen als Siegerin.

38 Die Fußballweltmeisterschaft in Schweden 1958 war die erste, die weltweit im Fernsehen übertragen wurde. Am 29. Juni des Jahres verfolgten neben den Zuschauern im Stockholmer Stadion auch einige Millionen Fans an den Bildschirmen das Finale zwischen Brasilien und dem Gastgeber Schweden. Nachdem die Südamerikaner bereits 0:1 im Rückstand lagen, konnten sie schließlich noch 5:2 gewinnen. Der inzwischen fünffache Weltmeister Brasilien hatte seinen ersten WM-Titel geholt. Italien hatte sich gar nicht erst qualifiziert, und die englischen Kicker waren nach der Vorrunde ausgeschieden.

39 Bei den Olympischen Spielen 1956 waren erstmals auch DDR-Sportler dabei. Das Internationale Olympische Komitee (IOC) hatte das ostdeutsche Nationale Olympische Komitee (NOK) im Gegensatz zum westdeutschen zunächst nicht anerkannt und darauf gedrängt, dass beide deutsche Staaten mit einer gesamtdeutschen Mannschaft antreten. Eine solche nahm nach Qualifikationswettbewerben bei den Spielen 1956 und 1960 teil. Der Skispringer Harry Glaß gewann mit seiner Bronzemedaille bei den Winterspielen als erster DDR-Sportler eine Olympiamedaille, der ostdeutsche Boxer Wolfgang Behrendt gewann die erste Goldmedaille.

40 Im Finale des 4000-m-Amateur-Verfolgungsfahren am 11. August 1959 trat der 22-jährige Mannheimer Rudi Altig gegen den Italiener Mario Valotto an. Sensationellerweise nahm Altig seinem Gegner pro Runde im Amsterdamer Olympiastadion fünf bis zehn Meter ab. Altig hatte bereits 60 Meter Vorsprung, als ihm kurz vor Beginn der letzten Runde der Vorderreifen platzte. Da das Malheur nur 500 Meter vor dem Ziel geschah, entschieden die Rennrichter, das Finale zugunsten des Deutschen zu werten, da Valotto den Vorsprung nicht hätte aufholen können.

Sport

41 Wo verbrachte der Rennfahrer Juan Manuel Fangio unfreiwillig die Nacht vom 25. auf den 26. Februar 1958?

auf der Intensivstation der Berliner Charité

im Dopinglabor

im Bett einer gewalttätigen Verehrerin

in den Händen kubanischer Revolutionäre

42 Wer machte Deutschland 1954 mit seinen Toren gegen den Endspielgegner Ungarn zum Weltmeister?

Helmut Rahn

Fritz Walter

Max Morlock

Hans Schäfer

43 In welcher Sportart wurden die olympischen Medaillen im Sommer 1956 nicht nur vor der offiziellen Eröffnung der Sommerspiele, sondern auch in einem anderen als dem Gastgeberland verliehen?

Reiten

Segeln

Schießen

Radsport

44 In welcher Sportart feierte Sugar Ray Robinson große Erfolge?

Gewichtheben

Boxen

Basketball

Schwimmen

41 In der besagten Nacht wurde Juan Manuel Fangio beim Verlassen seines Hotels in der kubanischen Hauptstadt Havanna von zwei mit Maschinenpistolen bewaffneten Rebellen entführt und 24 Stunden festgehalten. Das 500-Kilometer-Rennen, an dem er hatte teilnehmen wollen, startete schließlich ohne ihn. Den Rebellen ging es um PR in eigener Sache: Mit Fangio hatten sie einen prominenten Zeugen, der am Tag nach seiner Entführung der Weltpresse bestätigte, dass er von den Kämpfern der Guerilla-Armee gut behandelt worden war. Dass eine solche überhaupt existierte, hatte der kubanische Diktator immer wieder bestritten.

42 Der am 16. August 1929 in Essen geborene Helmut Rahn, der lange vor Bruce Springsteen »Der Boss« genannt wurde, schrieb deutsche Fußballgeschichte. Von den 21 Toren, die er in seinen 40 Länderspielen schoss, machten ihn die beiden entscheidenden Endspieltreffer unsterblich. Die Ungarn, die als absolute Favoriten galten, führten bereits nach acht Minuten 2:0. Kurz darauf bereitete Rahn Max Morlocks Anschlusstreffer in der zehnten Minute vor. In der 18. Minuten erzielte er selbst den Ausgleich, um dann in der 84. Minute einer ganzen geteilten Nation ein Wunder zu bescheren: »Aus dem Hintergrund müsste Rahn schießen – Rahn schießt – Tooooor, Tooor, Tooooor!!!«

43 Wegen der rigiden Quarantänevorschriften im Olympia-Gastgeberland Australien war es nicht zulässig, Pferde ins Land einzuführen. Aus diesem Grund wurden die Reitwettbewerbe 1956 bereits im Juni in der schwedischen Hauptstadt Stockholm ausgetragen. Die Olympischen Sommerspiele fanden übrigens nur in Australien im Sommer statt. In Europa wie überall in der nördlichen Hemisphäre war es zur Zeit der Austragung vom 22. November bis zum 8. Dezember bereits Spätherbst.

44 Der als Walker Smith Jr. geborene Boxer nannte sich später selbst Ray Robinson. Aufgrund seines eleganten Boxstils wurde er in den folgenden Jahren unter dem Namen »Sugar Ray« bekannt. 1946 holte er zum ersten Mal den Weltmeistertitel im Weltergewicht. 1951 errang er mit einem spektakulären Sieg über Jake LaMotta in der 13. Runde den ersten von insgesamt fünf Titeln als Mittelgewichtsweltmeister. Dieser Rekord ist in der Mittelgewichtsklasse immer noch gültig. Sugar Ray Leonard nannte sich nach seinem Idol, das erst 1965 seine Karriere beendete.

Sport

45 Unter welchem Spitznamen wurde der erfolgreiche DDR-Radrennfahrer Gustav-Adolf
Schur berühmt?

Güsi

Addi

Täve

Gudolf

46 Was ist der Holmenkollen nicht?

eine Sprungschanze

ein Berg

ein Skigebiet

eine Loipe

47 Wie alt war die Eiskunstläuferin Marika Kilius, als sie 1956 an den Olympischen
Winterspielen teilnahm?

12

15

17

39

48 Welche der aufgelisteten Mannschaften wurde in den 50er-Jahren in der BRD weniger als
zweimal Deutscher Fußballmeister?

VfB Stuttgart

1. FC Kaiserslautern

Borussia Dortmund

FC Schalke 04

45 Abgeleitet von seinem Vornamen Gustav-Adolf wurde der 1931 bei Magdeburg geborene junge Mann »Täve« genannt. Täve Schur begann seine Radsportkarriere zwar erst mit 19 Jahren, doch war er in seiner aktiven Zeit zwischen 1950 und 1964 überaus erfolgreich. Er gewann als erster Deutscher die Straßenrad-WM der Amateure, war sechsmal DDR-Meister und viermal bei der DDR-Rundfahrt erfolgreich. Der selbstlose Radrennfahrer zählt zu den bis heute beliebtesten Sportlern der DDR. Politisch aktiv war Schur als Volkskammer-Abgeordneter seit 1959. Unbeirrt trat er nach der Wende der PDS bei, für die er vier Jahre im Bundestag saß.

46 Der Holmenkollen ist ein Berg im Stadtgebiet der norwegischen Metropole Oslo, nach dem auch das gesamte Skigebiet zu seinen Hängen ebenso wie die berühmte Skischanze Holmenkollen benannt wurde. In Oslo fanden vom 14. bis zum 25. Februar 1952 die Olympischen Winterspiele statt, wobei der Schneemangel den Veranstaltern zu schaffen machte. Beim Skispringen belegte der beliebte Deutsche Toni Brutscher gemeinsam mit dem Norweger Naes den vierten Platz. Die Deutschen errangen drei Gold-, zwei Silber- und zwei Bronzemedaillen.

47 Marika Kilius wurde am 24. März 1943 in Frankfurt am Main geboren. Schon in jungen Jahren war sie eine begeisterte Eiskunstläuferin. Nachdem sie zunächst als Einzelläuferin trainiert hatte, konzentrierte sie sich auf den Paarlauf. Sie war zwölf Jahre alt, als sie zusammen mit ihrem ersten Partner, dem sieben Jahre älteren Franz Ningel, bei den Olympischen Winterspielen 1956 im italienischen Cortina d'Ampezzo den vierten Platz belegte – allerdings nur wegen einer völlig unangemessenen Wertung des tschechoslowakischen Punktrichters, die einen immensen Publikumstumult zur Folge hatte. Ab 1957 war ihr Eistanzpartner Hans-Jürgen Bäumler, mit dem sie sagenhafte Erfolge feierte.

48 Von den vier genannten Teams war allein Schalke 04 nur einmal Meister in den 50ern, und zwar 1958, nachdem die Gelsenkirchener Kicker den Hamburger SV im Endspiel 3:0 geschlagen hatten. Jeweils zweimal Deutscher Meister wurden zwischen 1950 und 1959 VfB Stuttgart (1950, 1952), 1. FC Kaiserslautern (1951, 1953) und Borussia Dortmund (1956, 1957). Die Jungs vom Betzenberg in Kaiserslautern waren überdies noch Vizemeister in den Jahren 1954 und 1955, Stuttgart wurde 1953 Vizemeister.

Zeitzeichen

Die Zeitzeichen der 50er

… das waren die Dinge, die zeigten, dass es bergauf ging, dass alle vom Wirtschaftswunder profitierten, dass es scheinbar für jedes Problem eine Lösung gab. Das waren Nierentische und toupierte Haare, das waren Käfer, Porsche und Mercedes, Trabbi und Wartburg. Doch hatte bei Weitem noch nicht jeder ein Auto, man fuhr mit Zügen, aus deren Schornsteinen noch wie vor hundert Jahren Dampf aufstieg. Man sah tausend Bedürfnisse, hatte eine Million Ideen und entwickelte klar und funktionell gestaltete, hochwertige und langlebige Produkte – »Made in Germany« wurde zu einem international geschätzten Label, das Land ein einziger Standortvorteil. Während produziert wurde, hier nach den Wünschen, die der Markt zum Ausdruck brachte, dort nach denen, die im Plan vorgeschrieben waren, verlagerten die USA und die UdSSR ihre Systemkonkurrenz fast sportlich auf den Wettkampfplatz Weltraum. In diesem Duell hatten die Sowjets lange die Nase vorn.

1 **Was versteht man unter Gelsenkirchener Barock?**
eine Kunstepoche
einen Einrichtungsstil
eine Musikrichtung
einen Baustil

2 **Welchen der folgenden vier Spitznamen trug der Trabbi nicht?**
Rennpappe
Rosinenbomber
Zweitaktzwerg
Duroplastbomber

3 **Welche berühmte/-n Comic-Figur/-en erdachten die beiden Franzosen Albert Uderzo und René Goscinny?**
Tim und Struppi
der kleine Nick
Lucky Luke
Asterix

4 **Welches Blatt warb 1952 mit dem Slogan »Deutschlands modernste Zeitung«?**
Bild
Frankfurter Allgemeine Zeitung (FAZ)
Die Welt
Express

1 Das Gelsenkirchener Barock bezeichnet einen v. a. in den 1950er-Jahren beliebten Einrichtungsstil, der sich – anders als das damals moderne, filigrane Nierentischdesign – hauptsächlich durch wuchtige Möbelstücke mit verschnörkelten Zierprofilen sowie den üppigen Gebrauch von Plüsch und Rüschen auszeichnet. Da die in Anlehnung an die Einrichtung der 30er-Jahre bevorzugte, überladen wirkende Wohnkultur v. a. an Rhein und Ruhr viele Liebhaber fand, wurde sie ironisch nach der damals eher gesichtslosen Ruhrgebietsstadt Gelsenkirchen benannt.

2 Der zwischen 1957 und 1991 in Zwickau produzierte DDR-Volkswagen erhielt im Laufe seiner Fertigungszeit zahlreiche Spitznamen, die jeweils in Worte fassten, was das kleine Kultgefährt im Herzen ausmacht: ein luftgekühlter Zweizylinder-Zweitaktmotor, dessen Stahlblechgerippe mit einer farbigen Kunststoffhülle verkleidet wurde. »Rennpappe«, »Zweitaktzwerg« und »Duroplastbomber« sind daher vielgenutzte Namen für den Trabant. Nur »Rosinenbomber« hieß er nie. So wurden die Flugzeuge der Alliierten zur Zeit der Berliner Luftbrücke 1948/49 genannt.

3 Der Zeichner Albert Uderzo und der Autor René Goscinny trafen sich erstmals 1951 und produzierten seitdem gemeinsam mehrere Comic-Serien, darunter eine Tim-und-Struppi-Kopie, die unter dem Namen *Luc Junior* firmierte. Gleichzeitig arbeiteten sie auch unabhängig voneinander weiter; so entwickelte Goscinny ab 1955 Geschichten für *Lucky Luke* und schrieb von 1959 an die von Sempé illustrierten Kurzgeschichten vom *Kleinen Nick*. Im selben Jahr entwickelten Goscinny und Uderzo schließlich den Gallier Asterix, der bis heute ihr mit Abstand größter Erfolg ist.

4 Die modernste Zeitung Deutschlands wollte ab dem 24. Juni 1952 die im Hamburger Axel-Springer-Verlag erscheinende Bild-Zeitung sein. Ab der zweiten Auflage – die erste hatte man kostenlos verteilt – betrug der Preis für das bildlastige, mit Comic-Strips und Werbeanzeigen gespickte Boulevardblatt zehn Pfennige. Vorbild für dieses auf dem deutschen Zeitungsmarkt neue Konzept war die sogenannte anglo-amerikanische *Yellow Press,* der dasselbe Konzept zugrunde lag. Der ebenfalls zu den Boulevardblättern zählende Express wurde erst 1964 in Köln auf den Markt gebracht.

5 **Welches Land errichtete sich ab 1956 eine neue Hauptstadt?**

Portugal

Brasilien

Kanada

Südafrika

6 **Mit welchem Spielzeug feierte der Spielzeugwarenhersteller geobra, der seit 1974 die allseits bekannten Playmobil-Spielwelten produziert, bereits im Jahr 1958 einen aufsehenerregenden Erfolg?**

Legosteine

Hula-Hoop-Reifen

Schildkröt-Puppen

Hüpfball

7 **Wie heißt die älteste deutsche, noch immer existierende Zeitschrift, die nach einigen kriegsbedingten Unterbrechungen seit Januar 1954 monatlich erscheint und während des Kalten Krieges die Leser in der DDR mit erotischen Geschichten und Fotografien lockte?**

Die Zeitschrift

Das Magazin

Junge Welt

Der Pflüger

8 **Wolches war das erste von Menschen ins Weltall verbrachte Lebewesen?**

Hund

Katze

Maus

Goldhamster

5 Bereits nach der Gründung der ersten brasilianischen Republik 1891 war in der Verfassung bestimmt worden, dass das Land eine neue Hauptstadt erhalten sollte. Kurz darauf wurde ein weitab von der Zivilisation gelegenes Gebiet zu diesem Zweck abgegrenzt. Doch erst im Oktober 1956 begann man mit der Umsetzung der Pläne. Schon im April 1960 wurde Brasîlia eingeweiht; die neue Hauptstadt lag fast 1000 Kilometer von der alten, Rio de Janeiro, entfernt. Der 1907 geborene, deutschstämmige Architekt Oscar Niemeyer entwarf sämtliche öffentlichen Gebäude der am Reißbrett entstandenen Stadt und prägte so ihr Erscheinungsbild.

6 In den 50er-Jahren wurden Kunststoffe in der Spielwarenindustrie zu einem immer beliebteren Werkstoff. Auch die Firma geobra stellte ihre Fertigung ab 1954 von Blech und anderen Metallen auf Kunststoff um. 1958 landete sie ihren ersten Verkaufsschlager mit der Produktion der damals bereits in den USA äußerst populären Hula-Hoop-Reifen. Der Hula-Trend hielt sich allerdings nur wenige Monate. Erst Anfang der 80er-Jahre kam es zu einer Renaissance des Gymnastikreifens, der dann aber auch in Europa von dem ursprünglichen amerikanischen Produzenten Wham-O vermarktet wurde.

7 Das 1924 erstmals erschienene Unterhaltungsblatt Das Magazin kann auf eine bewegte Publikationsgeschichte zurückblicken. Nach der kriegsbedingten Einstellung 1941 erfolgte zwischen 1949 und 1951 eine Wiederauflage in Westdeutschland, die allerdings nach 13 Ausgaben abermals eingestellt wurde. 1954 kam es dann zur Wiederbelebung in der DDR. Mit künstlerischen Aktfotografien und den regelmäßig neben Literaturbeiträgen, Reisereportagen und Satiren erscheinenden erotischen Geschichten war das im DIN-A5-Format erscheinende Heft in der Printlandschaft der DDR beispiellos, sozusagen ein Playboy Marke Ost.

8 Am 3. November 1957 schossen die Sowjets ihren zweiten Satelliten ins All. An Bord des über eine halbe Tonne schweren Flugkörpers befand sich auch die Hündin Laika. Sie war das erste Lebewesen im All, und sie lieferte den Beweis, das Lebewesen unter den Bedingungen der Schwerelosigkeit existieren können. Anders als damals von den Sowjets behauptet, entschlief sie wohl nicht friedlich nach sechs Tagen im All aufgrund von Sauerstoffmangel. Sie verendete schon nach wenigen Stunden infolge der großen Hitze.

Zeitzeichen

9 **Woraus bestanden Schallplatten, bevor sie seit dem Ende der 50er-Jahre ausschließlich aus Vinyl hergestellt wurden?**

Hartgummi

Zelluloid

Schellack

Zink

10 **Was ermöglichte die Herz-Lungen-Maschine, die amerikanische Ärzte im April 1951 zum ersten Mal verwendeten?**

eine Operation am offenen Herzen

eine künstliche Beatmung

die kontinuierliche Überwachung des Blutkreislaufs

die Regulierung der Herzrhythmusfunktion

11 **Welche Art Fahrzeug war das Goggomobil TL?**

ein Transporter

eine Limousine

ein Coupé

ein Motorroller

12 **Wie heißt der Rundfunkempfänger, den Erich John – bekannt durch die von ihm Ende der 60er-Jahre gestaltete Urania-Weltzeituhr auf dem Ostberliner Alexanderplatz – 1955 entwarf?**

Undine II

Stimme des Volkes

Melusine

Berolina K

9 Bis ins Jahr 1896 wurden Schallplatten aus Zelluloid, mit Wachs beschichtetem Zink oder aus Hartgummi hergestellt. Danach begann sich die Schellackplatte durchzusetzen, die in puncto Klangqualität und Haltbarkeit den Vorgängerprodukten weit überlegen war. Als normale Abspielgeschwindigkeit etablierten sich im Lauf der Zeit 78 Umdrehungen pro Minute (U/min). Mit der Erfindung der rauschärmeren Vinylplatte Ende der 40er-Jahre und ihrem durchschlagenden Erfolg in den 50ern verschwand die Schellackplatte 1958 schließlich ganz vom Markt.

10 Mit der Herz-Lungen-Maschine, die am 5. April 1951 zum ersten Mal zum Einsatz kam, war es Chirurgen endlich möglich, Operationen am offenen Herzen durchzuführen. Clarence Dennis, Arzt und Konstrukteur der ersten einsatzfähigen Maschine, musste kurz nach seinem revolutionären Eingriff in Minnesota allerdings eine Enttäuschung hinnehmen – seine Patientin starb. Doch schon am 6. Mai 1953 glückte John Gibbon in Philadelphia ein ähnlicher Eingriff: Fast 45 Minuten lang konnte eine 18-Jährige mit seiner Maschine am Leben gehalten werden, während er ein Loch in ihrer Herzwand schloss.

11 Das von der Hans Glas GmbH in Dingolfing produzierte Goggomobil gehörte zu den in den 50er-Jahren beliebten Rollermobilen, die in der Regel mit Einzylinder-Zweitaktmotoren aus dem Motorradbau bestückt waren. Das 1954 eingeführte Goggomobil besaß allerdings einen Zweizylinder-Zweitaktmotor, und mit seinen Limousinen-, Coupé- und Roadsterausführungen war es quasi ein Luxusmodell unter den Rollermobilen. Mit dem Goggomobil TS wurde 1957 sogar eine Transportervariante vorgestellt, die übrigens in nicht geringer Stückzahl von der Deutschen Bundespost geordert wurde.

12 Erich Johns Studienarbeit an der Hochschule für Angewandte Kunst in Berlin-Weißensee, die später vom VEB Elektro-Apparate-Werke J. W. Stalin in Serie produziert wurde, war ein modernes UKW-Gerät, das überdies auch Langwelle, Mittelwelle und Kurzwelle empfangen konnte. Das per Drehknopf und Drucktasten zu bedienende Tischgerät verbarg sein Innenleben hinter einem klassischen Holzgehäuse und kostete zur Zeit seiner Markteinführung 760 Mark. Sein Name Undine II prangte in schwungvollen Lettern mittig auf einer schmalen Holzleiste unter den Speichertasten und der Senderskala.

13 **Welches Presseprodukt revolutionierte am 26. August 1956 den bundesdeutschen Zeitschriftenmarkt?**

Bravo

Spiegel

Bunte

Bild

14 **Wie hieß die Studie, die in den 50er-Jahren das Sexualverhalten der US-Amerikanerinnen untersuchte?**

Kienbaum-Rapport

Monroe-Studie

Kinsey-Report

Kienzle-Bericht

15 **Wie hieß die erste Chefredakteurin und berühmteste Übersetzerin der seit 1951 in Deutschland erscheinenden *Micky Maus*-Hefte?**

Hannelore Schwan

Katharina Maus

Annegret Gans

Erika Fuchs

16 **Wie hieß das Kleinwagenmodell, das der Autobauer NSU ab 1958 im Angebot hatte?**

Fürst

Prinz

Admiral

Diplomat

13 Mit einer Startauflage von 30 000 Exemplaren und zu einem Preis von 50 Pfennigen kam im Sommer 1956 die erste Jugendzeitschrift in den Handel. Die »Zeitschrift für Film und Fernsehen«, wie sich die Bravo damals im Untertitel nannte, war eine Erfindung des 2005 verstorbenen Journalisten Peter Boenisch, der später auch als Herausgeber der Bild-Zeitung arbeitete und als langjähriger Berater und Regierungssprecher von Helmut Kohl tätig war. Das von vielen als skandalös angesehene Aufklärungskonzept startete die Bravo allerdings erst einige Jahre nach Boenischs Ausscheiden aus der Redaktion 1962 mit der Reihe »Knigge für Verliebte«.

14 Nachdem das Institut für Sexualforschung der Universität von Indiana bereits 1948 mit der Veröffentlichung einer Studie über das Sexualverhalten amerikanischer Männer für Aufsehen gesorgt hatte, brachte es am 14. September 1953 eine weitere Studie heraus, diesmal zum weiblichen Sexualverhalten. Benannt wurden beide Untersuchungen nach dem Forscher, der sie initiiert hatte: Dr. Alfred Charles Kinsey. Die Ergebnisse der Studien sorgten vielerorts für Empörung, weil ihre Ergebnisse im Hinblick auf sexuelle Vorlieben und Praktiken vielfach den geltenden Moralvorstellungen widersprachen.

15 Es war die 1906 in Rostock geborene Kunsthistorikerin Dr. Erika Fuchs, die das amerikanische *Duckburg* zum deutschen Entenhausen machte und die inzwischen fast jedem Kind bekannten Namen wie Gustav Gans, Daniel Düsentrieb und die Panzerknacker erfand. Fuchs' Übersetzungen enthielten, anders als die Originale, zahlreiche versteckte literarische Zitate und Anspielungen, v. a. aber entwickelte sie den deutschen Inflektiv, der unsere Sprache um inzwischen so liebgewonnene Interjektionen wie »seufz«, »ächz«, »stöhn« und »schnarch« bereicherte, die aus der deutschsprachigen Online-Kommunikation heute kaum noch wegzudenken sind.

16 Der erste Nachkriegswagen des damals weltweit größten Motorradherstellers NSU war der auf den ersten Blick eher bürgerlich bescheiden wirkende Prinz. Der 3,14 Meter lange und 1,42 Meter breite Zweitakter war kaum größer als ein klassischer Mini Cooper und mit einer Leistung von zunächst 20 PS selbst für damalige Verhältnisse lahm. Doch schon 1959 brachte es die etwas sportlicher motorisierte 30-PS-Variante auf 120 km/h. Der »kleine Prinz« wurde in verschiedenen Varianten noch bis 1973 gebaut, u. a. auch als 70 PS starkes Rallyemodell.

Zeitzeichen

17 Wo eröffnete am 24. März 1952 die erste Pizzeria Deutschlands?

Essen

Frankfurt

Würzburg

Köln

18 Welches Elektrogerät der 50er-Jahre wurde auch als »Schneewittchensarg« bezeichnet?

eine Waschmaschine

eine Radio-Phono-Kombination

ein Fotoapparat

ein Mixer

19 Wer übernahm 1957 die künstlerische Leitung des Modehauses Dior?

Yves Saint Laurent

Karl Lagerfeld

Pierre Cardin

Hubert de Givenchy

20 Welcher Flugzeughersteller produzierte in den 50er-Jahren ein kurioses Automobil?

Dornier

Fokker

Messerschmitt

Fieseler

17 Die erste Pizzeria Deutschlands eröffnete am 24. März 1952 in der Würzburger Elefantengasse. Inhaber des *Sabbie di Capri* waren der damals 30-jährige Nicolo di Camillo und seine Frau Janina. Die Gründung der ersten Pizzeria hierzulande steht damit nicht im Zusammenhang mit der Ankunft der ersten italienischen Gastarbeiter in Deutschland, die erst einige Jahre später erfolgte. Gefördert wurde die Pizza-Einführung in Deutschland vielmehr durch die hier stationierten amerikanischen Armeeangehörigen. Die Amerikaner hatten die Pizza schon im späten 19. Jahrhundert durch italienische Einwanderer kennengelernt.

18 Der Spitzname »Schneewittchensarg« wurde oft auffällig verglasten Fahrzeugen zuteil, wie dem Messerschmitt Kabinenroller mit seiner großen Plexiglaskuppel oder dem optisch von einer großen Heckscheibe geprägten Porsche 924. Ebenfalls als »Schneewittchensarg« bezeichnete der Volksmund die von Dieter Rams und Hans Gugelot 1956 für die Braun GmbH gestaltete Radio-Phono-Kombination Phonosuper SK4. Inspiriert wurde der märchenhafte Beiname durch den auffälligen Plexiglasdeckel, der die schnörkellose Musikbox zierte.

19 Nachdem Christian Dior am 24. Oktober 1957 unerwartet verstorben war, wurde die Art Direktion seines Hauses dem damals gerade 21-jährigen Yves Saint Laurent übertragen, der seit 1955 für Dior arbeitete. Bereits seine erste Kollektion für Dior, *Ligne Trapéze,* wurde ein durchschlagender Erfolg. 1960 wurde der Couturier jedoch zum Algerienkrieg eingezogen und erlitt einen Nervenzusammenbruch. Er wurde mit Elektroschocks und Drogen behandelt und von Dior entlassen. Pierre Bergé, Saint Laurents späterer Geschäftspartner und Lebensgefährte, war es, der den Designer bei seiner weiteren Karriere unterstütze.

20 Anfang 1953 begann in Regensburg die Serienproduktion des von Fritz M. Fend konstruierten KR 175, besser bekannt unter dem Namen Messerschmitt Kabinenroller. Wie das Goggomobil und die BMW Isetta war der KR 175 eines von vielen Rollermobilen, die in den ersten Nachkriegsjahren als günstige Alternative zum PKW angeboten wurden. Der 9 PS starke Einzylindermotor des KR 175 ermöglichte eine Höchstgeschwindigkeit von 80 km/h. Damit war der KR zwar nicht pfeilschnell, aber für zunächst 2100 Mark ein wendiges und wettergeschütztes Gefährt für den kleinen Geldbeutel.

Zeitzeichen

21 **Wer erklomm am 29. Mai 1953 zusammen mit dem Nepalesen Tenzing Norgay den Mont Everest und gilt seitdem zusammen mit diesem als Erstbesteiger des höchsten Gipfels der Erde?**

Luis Trenker
Edmund P. Hillary
George Mallory
John Hunt

22 **Welches Schiff gilt gemeinhin als Schwesterschiff der *Pamir*, die 1957 unterging?**

Rickmer Rickmers
Passat
Gorch Fock
Cutty Sark

23 **Wie hieß die populäre Salz- und Pfefferstreuerkombination, die Wilhelm Wagenfeld 1953 für WMF gestaltete?**

Max und Moritz
Duostar
SP2
Bel gusto

24 **Welches populäre Kinderspielzeug wurde indirekt durch einen Comic inspiriert, den der Karikaturist Reinhard Bouthin zwischen 1952 bis 1961 für die Bild-Zeitung zeichnete?**

Barbie
Legosteine
Hula-Hoop-Reifen
Bobby-Car

21 Offizieller Erstbesteiger des Mount Everest ist neben Tenzing Norgay der kurz nach dem sensationellen Erfolg von Queen Elisabeth II. zum Ritter geschlagene Edmund P. Hillary. Norgay und der neuseeländische Imker gehörten zu einer britischen Expedition, geleitet von John Hunt, die am 10. März 1953 zum Gipfelsturm aufgebrochen war. Dieses Ziel erreichten allerdings nur Norgay und Hillary. Einige Experten vermuten, dass George Mallory und Andrew Irvine, die lange als verschollen galten, deren Leichen aber vor kurzem im Eis gefunden wurden, bereits 1924 den Gipfel erreicht hatten. Ein Beweis dafür konnte bislang jedoch nicht erbracht werden.

22 Die Viermastbark Pamir wurde in den 50er-Jahren als Fracht transportierendes Segelschulschiff von der deutsches Handelsschifffahrt eingesetzt. Am 21. September 1957 sank sie auf dem Rückweg von Buenos Aires nach Hamburg 600 Seemeilen südwestlich der Azoren. Die Getreideladung war nicht fachgerecht verstaut worden, und das Schiff hatte im Hurrikan Schlagseite bekommen. 80 der 86 Besatzungsmitglieder fanden den Tod. Die heute in Travemünde liegende Passat gilt als Schwesterschiff der Pamir. Tatsächlich aber gehören beide nur zu einer Reihe von acht ähnlichen Schiffen, welche »die acht Schwestern« genannt werden.

23 Der ehemalige Bauhaus-Absolvent und Leiter der Metallwerkstatt in Dessau eröffnete Anfang der 50er-Jahre in Stuttgart ein eigenes Designbüro und entwarf zahlreiche noch heute beliebte Gebrauchsgüter für Firmen wie Braun, Rosenthal oder WMF. Anders als für das funktionale deutsche Design der Nachkriegsjahre üblich, erhielt sein berühmtes Salz- und Pfefferstreuerset keinen ebenso rein funktionellen Namen, sondern belebte die reine Sachlichkeit ihrer Form durch die Benennung nach Wilhelm Buschs legendären Lausbuben Max und Moritz.

24 1952 entwarf Beuthin im Auftrag der Bild-Redaktion die Comic-Figur Lilly, eine typische Vertreterin des Fräuleinwunders der Nachkriegsjahre, die offen und selbstbewusst ist, ihr eigenes Geld verdient, sich aber dennoch gern von reichen Männern ausführen lässt. Lilly war von Anfang an ein großer Erfolg und wurde ab 1955 auch als Puppe vertrieben. 1958 erregte diese die Aufmerksamkeit der Mattel-Mitbegründerin Ruth Handler, die kurz darauf die Barbie-Puppe entwickelte. Nachdem Mattel 1964 alle Rechte an der Lilly-Puppe gekauft hatte, wurde deren Produktion eingestellt.

25 Was ist der Lipsischritt?

ein Ausfallschritt im Judo

ein Tanz

eine Fitnessübung

eine Schrittart beim Dressurreiten

26 Wie hieß der erfolgreiche Kleinstwagen, den BMW 1955 auf den Markt brachte?

Isabella

Isetta

Isolde

Vendetta

27 Gegen welche Krankheit wirkte der Impfstoff, der 1955 das Gesundheitswesen revolutionierte?

Röteln

Pocken

Kinderlähmung

Mumps

28 Wer schmückte das Cover der ersten Playboy-Ausgabe?

Brigitte Bardot

Marilyn Monroe

Sophia Loren

Jayne Mansfield

25 Der Rock'n'Roll schwappte auch in die DDR über. »Es genügt nicht, die kapitalistische Dekadenz in Worten zu verurteilen, gegen die ›Hotmusik‹ und die ekstatischen Gesänge eines Presley zu sprechen. Wir müssen etwas Besseres bieten«, befahl Walter Ulbricht. Und so wurde als quasi sozialistisches Konkurrenzangebot 1959 der Lipsischritt als Modetanz im 6/4-Takt eingeführt – manche sagen verordnet. Die Bezeichnung geht auf den lateinischen Namen Leipzigs – *lipsia* – zurück, da drei Leipziger den Tanz erfunden hatten, der allerdings schon 1960 wieder von der Bildfläche verschwand.

26 Das Rollermobil, das BMW am 5. März 1955 vorstellte, kostete 2580 DM und war so erfolgreich, dass es seinen Hersteller vor dem finanziellen Ruin rettete, in den dieser durch die Entwicklung des BMW 501/502 geraten war. Das auch »Knutschkugel« und »Asphaltblase« genannte Gefährt hieß eigentlich Isetta, wurde zunächst als Zweisitzer angeboten und verbrauchte knapp 3,3 Liter Benzin. 1957 kam eine viersitzige Variante als BMW 600 auf den Markt.

27 Der Arzt und Immunologe Jonas E. Salk arbeitete in seiner Funktion als Direktor eines Virus-Forschungsinstituts an der Universität Pittsburgh ab 1947 an einem Impfstoff gegen Poliomyelitis, in Deutschland besser bekannt unter dem Namen Kinderlähmung. Er entwickelte schließlich eine Impfung auf der Grundlage von abgetöteten Polio-Viren. 1955 veröffentlichte Salk die Ergebnisse seiner Arbeit, die auf einer Impfstudie mit über einer Million Teilnehmern basierte. Der Erfolg war so durchschlagend, dass der Impfstoff nach und nach weltweite Verbreitung fand. In den Industrienationen ist der Polio-Erreger inzwischen nahezu ausgerottet.

28 Das erste Heft des berühmten Männermagazins erschien im Dezember 1953 in den USA. Vom zweifarbigen Cover lächelte den Käufern die Filmikone Marilyn Monroe entgegen. Freizügiger als auf dem Cover präsentierte sich die amerikanische Sexbombe, die als *sweetheart of the month* vorgestellt wurde, auf einer großen Abbildung in der Heftmitte – das aufklappbare *Centerfold* wurde erst einige Zeit später erfunden. Erst ab der zweiten Ausgabe verfügte der Playboy zudem über sein inzwischen weltbekanntes Signet: den stilisierten Hasenkopf mit Fliege. Jayne Mansfield war 1955 Playmate, und auch Brigitte Bardot und Sophia Loren ließen für das Magazin ihre Hüllen fallen.

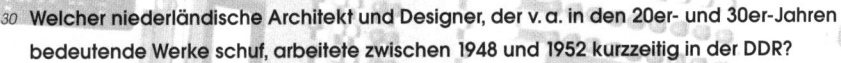

29 Welche Neuerung will deutsche Autofahrer mit Beginn des Jahres 1958 zu mehr Verantwortung auf der Straße bewegen?

die ersten mobilen Radargeräte

die Einrichtung des Verkehrszentralregisters

die Einführung der Promillegrenze

die Einführung einer Probezeit für Fahranfänger

30 Welcher niederländische Architekt und Designer, der v. a. in den 20er- und 30er-Jahren bedeutende Werke schuf, arbeitete zwischen 1948 und 1952 kurzzeitig in der DDR?

Gerrit Rietveld

J. J. P. Oud

Mart Stam

Robert van't Hoff

31 Wonach wurde der 1959 vorgestellte Wankelmotor benannt?

nach seinem Erfinder

nach einer ihm innewohnenden Technik

nach seinem Hersteller

nach seinem Produktionsort

32 Wie hieß das Buch, das Jugendlichen in der DDR zwischen 1955 und 1974 anlässlich der Jugendweihe geschenkt wurde?

Vom Sinn unseres Lebens

Die rote Laterne

Weltall, Erde, Mensch

Der Sozialismus – Deine Welt

29 Seit 1958 führt das Kraftfahrt-Bundesamt in Flensburg das sogenannte Verkehrszentralregister, in dem alle rechtskräftig festgestellten Verkehrsverstöße von Kraftfahrern mit deutscher Fahrerlaubnis registriert werden. Die Einträge in das Register erfolgen nach einem in der Straßenverkehrsordnung geregelten Punktesystem. Beim Erreichen von 18 Punkten wird der Führerschein eingezogen. Zu den häufigsten Delikten, die heute zu einem Eintrag in das auch als Verkehrssünderkartei bezeichnete Register führen, zählen Geschwindigkeitsüberschreitungen, Fahren unter Alkoholeinfluss und Vorfahrtsverletzungen.

30 Die gestalterischen Konzepte des von 1950 bis 1952 als Rektor an der heutigen Kunsthochschule Berlin-Weißensee arbeitenden Mart Stam folgten von jeher nicht nur funktionalistischen, sondern auch sozialethischen Prinzipien. Demgemäß gestaltete er schnörkellose, zweckmäßige Objekte wie den ersten Freischwinger (1926) und ein Reihenhaus in der Stuttgarter Weißenhofsiedlung (1927). Aufgrund seiner sozialistischen Ideale siedelte er sich 1948 in der damaligen Sowjetzone an, kehrte unter dem kulturpolitischen Druck der DDR jedoch 1953 in die Niederlande zurück.

31 Der am 24. November 1959 von dem baden-württembergischen Autobauer NSU erstmals öffentlich vorgestellte Rotationskolbenmotor wurde nach seinem Erfinder, dem Maschinenbauingenieur Felix Wankel benannt. Wankel, der sich bereits seit 1926 mit der Konstruktion eines neuartigen Motors beschäftigt hatte, ersetzte den Hubkolben eines konventionellen Motors im Wankelmotor durch einen dreieckigen Drehkolben. Mit einem NSU Prinz III wurde 1960 erstmals ein Wagen mit einem Wankelmotor betrieben. 1964 startete NSU die Serienproduktion des NSU Wankel Spider.

32 Das erste Buch, das den Jugendlichen in der DDR bei Jugendweihen nach ihrem Gelöbnis zusammen mit einer Urkunde überreicht wurde, hieß *Weltall, Erde, Mensch* und zeichnete sich besonders durch die hohe Qualität der darin enthaltenen naturwissenschaftlichen Beiträge aus. Die beiden nachfolgenden Geschenkbücher – *Der Sozialismus – Deine Welt,* das die jungen Leute ab 1974 erhielten, und *Vom Sinn unseres Lebens,* ein Buch, das in den letzten Jahren der DDR ausgegeben wurde – waren dagegen nur noch reine Propagandawerke.

Zeitzeichen

33 **Welchen neuen Namen erhielt die Zeitschrift Das Ufer bei ihrer Umbenennung im Jahr 1954?**

Quick

Stern

Revue

Bunte Illustrierte

34 **Was war UNIVAC I?**

ein Raketenabwehrsystem

ein Computer

ein Kleinlastkraftwagen

ein Farbfernsehsystem

35 **Was waren Exis?**

im Exil lebende Deutsche

Angehörige einer Jugendbewegung

eine Rock'n'Roll-Band

resozialisierte Strafgefangene

36 **Welches der folgenden ist kein typisches Möbelstück der 50er-Jahre?**

Cocktailsessel

Tütenlampe

Nierentisch

Bogenleuchte

33 Da man langsam dazu überging auch farbige Bilder abzudrucken, wurde die unter der Leitung von Franz Burda seit 1948 erschienene Zeitschrift mit dem merkwürdigen Namen Das Ufer 1954 in Bunte Illustrierte umbenannt. Später nannte sich das Magazin einfach nur Bunte. Die Quick wurde wie auch der Stern 1948 gegründet, die Revue sogar schon 1946. Letztere hieß zwischenzeitlich Neue Revue, trägt aber seit Ende 2005 wieder ihren ursprünglichen Namen.

34 In den 50er-Jahren begann zunächst in den USA, später auch in Deutschland die Fertigung der ersten kommerziell vertriebenen Computer. Siemens etwa brachte mit dem Siemens 2002 im Jahr 1959 den ersten in Serie gefertigten Computer auf den Markt, der keine Röhren sondern Transistoren enthielt. Der UNIVAC I des amerikanischen Herstellers Remington Rand, der ab 1951 vertrieben wurde, war hingegen noch mit Röhren bestückt. Das 13 Tonnen schwere und 35,5 Quadratmeter Fläche beanspruchende Gerät war jedoch so erfolgreich, dass der Name UNIVAC eine Zeit lang synonym zum Begriff Computer verwendet wurde.

35 Exis nannte man in den 50er-Jahren junge Anhänger des französischen Existenzialismus, die das aggressive Verhalten der Halbstarken, einer anderen Jugendbewegung der 50er-Jahre, verachteten und sich selbst vorrangig auf geistiger Ebene von der gesellschaftlichen Realität distanzierten. Der Schulbesuch war für die wissensdurstigen Jugendlichen, die sich mit Vorliebe ganz in Schwarz kleideten und Rollkragenpullover trugen, Pflicht, bevor sie des Abends in verrauchten Jazzschuppen über die Werke ihrer intellektuellen Vorbilder, wie Jean-Paul Sartre und Albert Camus, diskutierten.

36 Cocktailsessel, Tütenlampe und Nierentisch sind allesamt typische Möbelstücke der 50er-Jahre. Mit ihrer leichten, sanft verspielten Optik wandten sich diese Designs bewusst gegen die Schwere und den Bombast der NS-Zeit. Sie kombinieren moderne Materialien, wie Resopal und Kunststoff, mit althergebrachten Werkstoffen, wie Holz und Messing, zu neuen, freien, organischen Formen. Die Bogenleuchte wurde erst in den 60er-Jahren populär. Ein Klassiker ist die Standleuchte Arco, die der Mailänder Industriedesigner Achille Castiglioni mit seinem Bruder Pier 1962 gestaltete.

Zeitzeichen

37 Welches beliebte Gefährt der 50er-Jahre war ein Produkt des italienischen Herstellers Piaggio?

der Topolino
die Lambretta
die Isetta
die Vespa

38 Wer erfand die *Fix und Foxi*-Comics?

Walt Disney
Rolf Kauka
Manfred Schmidt
Hansrudi Wäscher

39 Wie hieß der erste arbeitsfähige Computer, der in der DDR produziert wurde?

VR
APPEL
OPREMA
PC

40 Wie nannte man im Deutschland der 50er-Jahre sich aggressiv gebärdende Jugendliche?

Teds
Halbstarke
Rocker
Provos

37 Das 1884 gegründete Unternehmen fertigte von Anfang an Transportmittel. Der Schwerpunkt lag zunächst auf dem Schiffbau, später konzentrierte man sich auf die Herstellung von Eisenbahnwagen, dann auf den Flugzeugbau. Nach dem Krieg wurden diese Unternehmenszweige aufgegeben, und Enrico Piaggio, der Sohn des Firmengründers, entwickelte einen wendigen, optimal auf die Transportbedürfnisse im Nachkriegsitalien abgestimmten Motorroller, der 1946 auf den Markt kam: die Vespa. Sie prägte in den 50ern vielerorts das Straßenbild.

38 Der 1917 in Leipzig geborene Rolf Kauka gründete nach dem Krieg den Kauka Verlag, der 1953 den Comic *Till Eulenspiegel* herausbrachte, in dem neben anderen auch Fuchsfiguren eine Rolle spielten. Im sechsten Heft des Comics gab es bereits eine eigene kurze Geschichte um die beiden Füchse Fix und Foxi. Die beiden kamen so gut beim Publikum an, dass die ganze Reihe ab der Ausgabe 29 in *Fix und Foxi* umbenannt wurde. Von Manfred Schmidt stammten die *Nick Knatterton*-Comics, der Schweizer Hansrudi Wäscher schuf Comics wie *Sigurd, Tibor, Falk,* und *Nick, der Weltraumfahrer.*

39 Unter der Leitung von Wilhelm Kämmerer und Herbert Kortum entwickelte ein Expertenteam ab etwa 1954 einen Relaisrechner zur Durchführung optischer Berechnungen für den VEB Carl Zeiss Jena. Das Besondere an dem 1955 fertiggestellten, OPREMA (Optische-Rechen-Maschine) genannten Gerät war, dass es bei Betriebsbeginn zunächst aus zwei exakt deckungsgleichen, redundant arbeitenden Maschinen bestand, die die Ergebnisse ihrer Rechenoperationen zu Testzwecken miteinander verglichen. Als die Zuverlässigkeit der Anlagen erwiesen war, wurden sie getrennt und konnten als Einzelrechner verwendet werden.

40 Statistiken zufolge zählten in den 50ern tatsächlich nur fünf Prozent der Jugendlichen zu den sogenannten Halbstarken, die sich an Vorbildern wie James Dean und Marlon Brando orientierten, Rock'n'Roll hörten und Motorräder sowie schnittige Autos liebten. Rückblickend scheint diese Jugendkultur jedoch weitaus stärker verbreitet gewesen zu sein, was u. a. an Filmen wie *Die Halbstarken* liegen mag, die den Mythos der 50er-Jahre heute entscheidend mitprägen. Die Begriffe Ted und Rocker bezeichneten übrigens dasselbe Phänomen in Großbritannien, Provos nannte man die Halbstarken in den Niederlanden.

Zeitzeichen

41 Wie heißt der Gründer des 1953 auf den Markt gebrachten Playboy-Magazins?

Howe D. Haffner

Hugh M. Hefner

Hue B. Hiffler

Hank U. Hustler

42 Wer oder was war der »Barockengel«?

ein lange verschollenes Gemälde von Peter Paul Rubens

eine BMW-Limousine

eine umstrittene Plastik von Henry Moore

die erste Küchenmaschine von Bosch

43 Wie hieß der erste von Menschen geschaffene Flugkörper, der im Weltraum um die Erde kreiste?

Sputnik

Sojus

Lunik

Explorer

44 Welche Innovation revolutionierte 1958 das Musikhören?

Dolby-Rauschunterdrückungssytem

Stereo-Schallplatten

Singles mit 45 U/min

Compact Cassette

151

41 Das im Dezember 1953 in den USA neu erschienene Männermagazin war eine Erfindung des Werbefachmanns Hugh M. Hefner. Der Anfang 1953 noch als Vertriebsleiter bei einer Kinderzeitschrift arbeitende Buchhaltersohn aus Chicago entwarf die ersten Artikel und Illustrationen für sein Magazin an seinem Küchentisch. Für das Startkapital verkaufte er seine Möbel, für die er 600 Dollar bekam; von Bekannten lieh er sich zusätzlich 10 000 Dollar. Die Investition lohnte sich: Schon fünf Jahre nach Erscheinen der Erstausgabe hatte der Playboy eine Million Leser. Die erste deutsche Ausgabe erschien am 1. August 1972.

42 »Barockengel« war der Spitzname für den zwischen 1952 und 1964 gebauten BMW 501 und 502. Die auch als Cabriolet erhältliche Limousine verdankte ihren Namen der üppig geschwungenen Karosserie, die ihr das etwas verstaubte Flair eines Luxuswagens der 20er- und 30er-Jahre verlieh. Zusammen mit den für die Nachkriegszeit extrem hohen Verkaufspreisen zwischen 11 500 und 22 000 Mark trug dies nicht unwesentlich zu einer internen Finanzkrise bei, die 1959 fast zu einer Übernahme des bayerischen Fahrzeugherstellers durch den Hauptkonkurrenten Daimler-Benz geführt hätte.

43 Am 4. Oktober 1957 schoss die Sowjetunion mit dem Satelliten Sputnik 1 den ersten die Erde umkreisenden Flugkörper ins Weltall. Mit seiner Geschwindigkeit von 24 500 km/h benötigte er für eine Erdumrundung 95 Minuten. Der künstliche Erdsatellit hatte einen Durchmesser von 58 Zentimetern und wog 83,6 Kilogramm. Die einen Monat später gestartete Sputnik 2 wog schon 508 Kilogramm. Der erste amerikanische Satellit Explorer 1 wurde am 1. Februar 1958 ins All katapultiert, womit die Russen das Rennen im All vorerst für sich entschieden hatten.

44 Im Jahr 1958 kamen die ersten Stereo-Schallplatten auf den Markt, die dank einer Zweikanalaufnahme und -ausstrahlung ein besseres räumliches Hörerlebnis gestatteten. Es sollte allerdings noch bis zur Mitte der 60er dauern, bis die Stereo-Platten die Mono-Pressungen völlig verdrängt hatten. Die ersten Singles, die einen Durchmesser von 17,3 Zentimetern hatten und mit einer Geschwindigkeit von 45 Umdrehungen pro Minute abgespielt wurden, waren bereits 1953 in Deutschland erhältlich. Die erste Compact Cassette – oder einfach Kassette – wurde 1963 präsentiert.

Zeitzeichen

45 Wann wurden die Saisonschlussverkäufe in der BRD eingeführt?

1950

1954

1957

1959

46 Welchem Beruf geht die Comic-Figur Nick Knatterton nach?

Polizist

Detektiv

Meisterdieb

Kapitän

47 Was wurde 1953 in der DDR eingeführt?

Fünf-Prozent-Klausel

Schluckimpfung

nationales Krebsregister

Videoüberwachung an zentralen Plätzen

48 Welcher Automobilhersteller gab seinen PKW-Modellen Vornamen wie Isabella, Arabella und Alexander?

DKW

Henschel

Auto Union

Borgward

45 In ihrer ursprünglichen Form gestattete die vom Bundeswirtschaftsministerium 1950 eingeführte Verordnung über Sommer- und Winterschlussverkäufe Einzelhändlern in ganz Deutschland zwei jährliche Saisonschlussverkäufe mit einer Dauer von je zwölf Werktagen. Die Rabattaktion war auf saisonale Waren, wie Textilien, Schuhe, bestimmte Sportartikel, Pelz- und Lederwaren, beschränkt. Seit der Reform des Gesetzes gegen den unlauteren Wettbewerb vom 1. Juli 2004 dürfen Schlussverkäufe nach Belieben durchgeführt werden und sind nicht mehr auf bestimmte Waren beschränkt.

46 Von 1950 bis 1959 erschienen in der westdeutschen Illustrierten Quick Comic-Strips mit Geschichten über den Meisterdetektiv Nick Knatterton. Manfred Schmidt, der Autor und Zeichner der Geschichten, wollte mit Nick Knatterton ursprünglich die *Superman*-Bildgeschichten parodieren. So geht denn auch der Name des Meisterdetektivs zurück auf zwei US-Krimihelden: Nick Carter und Nat Pinkerton. Gewürzt waren die Geschichten mit etlichen kritischen Anspielungen auf das Wirtschaftswunder und die regierenden Politiker. Berühmt wurde Knattertons Sentenz: »Kombiniere, …«

47 1953 führte die DDR landesweit ein sogenanntes nationales Krebsregister ein. Verbunden damit war die Meldepflicht für sämtliche Tumorerkrankungen. Zentral gesammelt wurden die Daten über die Erkrankungen wie Krebsformen und Krankheitsverlauf bei der Deutschen Akademie der Wissenschaften. Das System mit seinen Beratungsstellen in jedem Stadt- und Landkreis galt als vorbildlich. In der BRD wurde 1953 die Fünf-Prozent-Klausel eingeführt.

48 Der Hersteller der aufgezählten Modelle war das Bremer Unternehmen Borgward, benannt nach seinem Firmengründer Carl F. W. Borgward. Der in Altona geborene Ingenieur war bereits in den 20er-Jahren mit dem von ihm entwickelten Blitzkarren erfolgreich; der Dreiradtransporter wurde später unter dem Namen Goliath vermarktet. Nach dem Krieg baute Borgward sein Unternehmen neu auf und gliederte es in drei Einzelfirmen, die zusammen fast ebenso viele PKW-Modelle anboten wie Daimler-Benz. Die Produktion erwies sich jedoch bald als unrentabel. 1961 musste Borgward Konkurs anmelden.

Zeitzeichen

49 Was verschaffte Coco Chanel in den 50er-Jahren ein Comeback in der Modebranche?

das kleine Schwarze

Chanel No 5

das Chanel-Kostüm

Kleider aus leichtem Baumwolljersey

50 Im Jahr 1955 lief in Wolfsburg der Einmillionste Käfer vom Band. Seit wie vielen Jahren trug die Stadt Wolfsburg da schon ihren Namen?

100

55

17

10

51 Welchen Konzern führte Berthold Beitz als Generalbevollmächtigter von 1953 bis 1967?

Siemens

Krupp

Volkswagen

Daimler-Benz

52 Welcher deutsche Wissenschaftler war maßgeblich am amerikanischen Raumfahrtprogramm beteiligt?

Werner Heisenberg

Albert Einstein

Wernher von Braun

Otto Hahn

49 Die 1883 in Saumur geborene, später Coco genannte Gabrielle Bonheur Chanel feierte ihren ersten Erfolg Mitte der 10er-Jahre mit luftigen Kleidern aus leichtem Baumwolljersey, aus dem bis dahin nur Unterwäsche gefertigt worden war. Der weltberühmte Duft Chanel No 5 kam 1921 auf den Markt, und das kleine Schwarze kreierte die Grande Dame der Mode 1926. Nach dem Zweiten Weltkrieg sank ihr Stern zunächst, da sie als Kollaborateurin in Ungnade gefallen war. Erst 1954, mit 71 Jahren, eröffnete sie wieder ein Geschäft in Paris. Und schon kurz darauf feierte Chanel mit dem berühmten Chanel-Kostüm ihr internationales Comeback.

50 Der Grundstein für das unter den Nazis gebaute Volkswagenwerk wurde am 26. Mai 1938 gelegt. Ab dem 1. Juli 1938 bezeichnete man den Zusammenschluss der Gemeinden Rothehof-Rothenfelde und Heßlingen sowie einiger Grundstücke anderer umliegenden Gemeinden als »Stadt des KdF-Wagens bei Fallersleben«. Der nach der NS-Freizeitorganisation Kraft durch Freude benannte KdF-Wagen hieß nach dem Krieg schlicht VW Käfer. Am 25. Mai 1945 wurde dessen Produktionsstätte gemäß einer Anordnung der britischen Besatzung nach dem innerhalb der Stadtgrenzen gelegenen gleichnamigen Schloss in Wolfsburg umbenannt.

51 Der 1913 in Vorpommern geborene Berthold Beitz hatte als kaufmännischer Leiter eines Mineralölunternehmens im von den Deutschen besetzten Polen mehreren hundert jüdischen Zwangsarbeitern das Leben gerettet. Alfried Krupp von Bohlen und Hallbach konnte den charakterstarken Mann 1953 als Generalbevollmächtigten für den Krupp-Konzern gewinnen. Gemeinsam mit Alfried Krupp baute Beitz den Konzern mit seinen zum großen Teil zerstörten Produktionsstätten wieder auf.

52 Der 1912 geborene deutsche Physiker und Raketenentwickler Wernher von Braun war seit 1937 technischer Direktor der Heeresversuchsanstalt Peenemünde, wo er die Raketenforschung leitete und auch für die Konstruktion der als Wunderwaffe angekündigten V2 verantwortlich war. Nach dem Krieg stellten sich Braun und Mitarbeiter seines Teams den Amerikanern zur Verfügung. Als technischer Berater bei der Entwicklung atomarer Kurzstreckenraketen arbeitete Braun zunächst nur für die Rüstungsindustrie, später ging er zur NASA, wo er maßgeblich am amerikanischen Weltraumforschungsprogramm mitwirkte.

Bildnachweis

S. 6 Bundeskanzler Konrad Adenauer an seinem Schreibtisch *picture-alliance / dpa*

S. 8 Der »Vater des deutschen Wirtschaftswunders«, Bundeswirtschaftsminister Ludwig Erhard *picture-alliance / dpa*

S. 9 Das chinesische Propagandaplakat von 1953 zeigt den chinesischen Staatschef Mao Tse-tung (r.) mit dem sowjetischen Diktator Josef Stalin. *picture-alliance / dpa*

S. 10, l. Der amerikanische Präsident Harry S. Truman am 7. Juni 1956 während eines eintägigen Besuchs in Bonn *picture-alliance / dpa*

S. 10, r. Bundespräsident Theodor Heuss in Begleitung von Königin Elisabeth II. Der Bundespräsident besuchte im Oktober 1958 Großbritannien. *picture-alliance / dpa*

S. 16/17 Am 17. Juni 1953 bezogen in Ostberlin sowjetische Panzer – wie hier auf dem Potsdamer Platz – Stellung gegen demonstrierende Arbeiter. *picture-alliance / akg-images*

S. 24/25 Das Berliner Karnevalsprinzenpaar Gaby I. und Wolfgang I. verleiht dem Präsidenten des Abgeordnetenhauses von Berlin, Willy Brandt (SPD), am 22. Februar 1957 einen Orden. *picture-alliance / dpa*

S. 30/31 Der erste Sekretär des ZK der SED, Walter Ulbricht (l.), und der DDR-Ministerpräsident Otto Grotewohl (r.) überreichen dem ostdeutschen Staatspräsidenten Wilhelm Pieck zu seinem 82. Geburtstag am 3. Januar 1958 ein Glückwunschschreiben. *picture-alliance / dpa*

S. 37 Bundeskanzler Konrad Adenauer im Jahr 1957 mit seiner Tochter Lisbeth Wehrhahn im Garten seines Urlaubsdomizils am Comer See *picture-alliance / dpa*

S. 38 Der Rock'n'Roll-Sänger und Schauspieler Peter Kraus *picture-alliance / KPA Copyright*

S. 39 Zeitschriftenwerbung für Philips-Fernseher aus dem Jahr 1958 *picture-alliance / akg-images*

S. 40, l. Die Sängerin, Tänzerin und Schauspielerin Caterina Valente *picture-alliance / KPA Copyright*

S. 40, r. Uschi Siebert (l.), Peter Alexander und Gerlinde Locker in der österreichischen Filmkomödie *Ich bin kein Casanova* von 1959 *picture-alliance / KPA Copyright*

S. 48/49 Nach ihrer Hochzeit am 19. April 1956 in Monaco winken Fürst Rainier III. von Monaco und seine Braut, die amerikanische Schauspielerin Grace Kelly, den Schaulustigen zu. *picture-alliance / dpa*

S. 54/55 Der Regisseur der beliebten NDR-Serie *Familie Schölermann*, Rupprecht Essberger (l.), macht 1958 eine Aufnahme fürs Familienalbum: Hinten Margit Cargill und Charles Brauer, in der Mitte die Darsteller der Eltern, Lotte Rausch und Willi Krüger. *picture-alliance / dpa*

S. 60/61 Der in Deutschland stationierte »King of Rock'n'Roll«, Elvis Presley, wird nach einer Blutspende im Januar 1959 von Schwestern auf der Krankenstation der amerikanischen Ray Kasernen in Friedberg versorgt. *picture-alliance / dpa*

S. 67 Die Sängerin und Schauspielerin Cornelia Froboess *picture-alliance / KPA Copyright*

S. 68 Marilyn Monroe in schwarzer Spitze *picture-alliance / KPA Copyright*

S. 69 Plakat zur österreichischen Erstaufführung von Carol Reeds Film *Der dritte Mann* 1950 in Wien *picture-alliance / IMAGNO / Austrian Archives*

S. 70, I. James Dean *picture-alliance/KPA Copyright*

S. 70, r. Romy Schneider *picture-alliance/KPA Copyright*

S. 78/79 Heinz Rühmann (r.) als Kriminalkommissar Matthäi und Ewald Balser als Psychologe Professor Manz in einer Szene des Kriminalfilms *Es geschah am hellichten Tag* von 1958. Das Drehbuch stammte von Friedrich Dürrenmatt. *picture-alliance/dpa*

S. 84/85 Salvador Dalí porträtiert am 2. Juni 1955 den als Richard III. kostümierten britischen Schauspieler Sir Laurence Olivier. *picture-alliance/ dpa*

S. 92/93 Grace Kelly, Bing Crosby, Frank Sinatra und Celeste Holm (v. l. n. r.) in einer Szene des Films *Die oberen Zehntausend* aus dem Jahr 1956 *picture-alliance/dpa*

S. 99 Die Opern-Diva Maria Callas vor ihrem einzigen Gastspiel in Wien im Jahr 1956 *picture-alliance/IMAGNO/Barbara Pflaum*

S. 100 Fritz Walter und der ungarische Spielführer Ferenc Puskás tauschen die Wimpel vor dem Finale der Fußball WM 1954, das Deutschland gegen Ungarn 3:2 gewinnt. *picture-alliance/ASA*

S. 101 Das offizielle Plakat zu den XVI. Olympischen Spielen, die vom 22. November bis zum 08. Dezember 1956 in Melbourne ausgetragen wurden *picture-alliance/dpa*

S. 102, I. Der legendäre tschechoslowakische Langstreckenläufer Emil Zátopek *picture-alliance/dpa*

S. 102, r. Der britische Formel-1-Pilot Mike Hawthorn im Ferrari Dino 246 beim Großen Preis von Großbritannien am 19. Juli 1958 in Silverstone *picture-alliance/ dpa*

S. 108/109 Bubi Scholz (r.) boxte am 26. März 1954 im New Yorker Madison Square Garden gegen den Amerikaner

Al Andrews und gewann nach Punkten. *picture-alliance/dpa*

S. 114/115 Die Deutsche Fußball-Nationalmannschaft kurz vor dem Anpfiff des WM-Finales 1954, in dem sie das Team aus Ungarn 3:2 bezwang. *picture-alliance/ASA*

S. 120/121 Friedensfahrt Halle-Erfurt im Jahr 1955 *picture-alliance/akg-images/Gardi*

S. 127 Die deutsche Eiskunstläuferin Marika Kilius mit ihrem Partner Hans-Jürgen Bäumler beim Training auf dem Eis im Jahr 1958 *picture-alliance/dpa*

S. 128 Werbung für die BMW Isetta aus der Mitte der 50er-Jahre *picture-alliance/akg-images*

S. 129 Werbung für Persil *picture-alliance/dpa*

S. 130, I. An der Gasolin-Tankstelle in Bremen bedient ein weiblicher Tankwart einen Kunden auf einem Motorroller. *picture-alliance/akg-images/Dodenhoff*

S. 130, r. Ein Mannequin führt an einem Imbisswagen auf dem Stuttgarter Hauptbahnhof die Wintermode 1958 vor. *picture-alliance/akg-images/Dodenhoff*

S. 136/137 Technikstudenten der Universität Manitoba versuchen im April 1959 die Frage zu klären, wie viele Personen in einen VW-Käfer passen. *picture-alliance/dpa*

S. 144/145 Ein britischer Spezialist am Steuergerät der elektronischen Rechenanlage, die im November 1958 in Frankfurt installiert wurde *picture-alliance/dpa*

S. 150/151 Die Kurstafel der Frankfurter Wertpapierbörse am 25. Mai 1959, auf der die Notierungen noch mit Kreide von Hand vorgenommen werden *picture-alliance/dpa*

S. 157 Wohnzimmer der 50er-Jahre *picture-alliance/dpa*